SOUS PRESSE.

Promenade de Dieppe aux Montagnes d'Ecosse, par Ch. Nodier, 1 vol. in-12, orné d'une carte itinéraire de *Cailleux*, et de dessins d'*Isabey* et de *Bory Saint-Vincent*.

———

DE L'IMPRIMERIE D'A. EGRON,
RUE DES NOYERS, N° 37.

SMARRA,

OU LES

DÉMONS DE LA NUIT,

SONGES ROMANTIQUES,

TRADUITS DE L'ESCLAVON

DU COMTE MAXIME ODIN.

PAR CH. NODIER.

DEUXIÈME ÉDITION.

A PARIS,

CHEZ PONTHIEU, LIBRAIRE,

Palais-Royal, galerie de bois, n. 252.

1822.

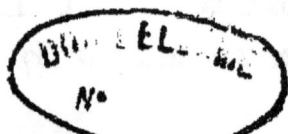

AVERTISSEMENT.

L'OUVRAGE singulier dont j'offre la traduction au public est moderne et même récent. On l'attribue généralement en Illyrie à un Noble Ragusain qui a caché son nom, sous celui du comte Maxime Odin, à la tête de plusieurs poëmes du même genre. Celui-ci, dont je dois la communication à l'amitié de M. le chevalier Fedorovich Albinoni, n'étoit point imprimé lors de mon séjour dans ces provinces. Il l'a probablement été depuis.

Smarra est le nom primitif du mauvais

esprit auquel les anciens rapportoient le triste phénomène du *Cochemar*. Le même mot exprime encore la même idée dans la plupart des Dialectes Slaves, chez les peuples de la terre qui sont le plus sujets à cette affreuse maladie. Il y a peu de Familles Morlaques où quelqu'un n'en soit tourmenté. Ainsi, la Providence a placé aux deux extrémités de la vaste chaîne des Alpes de Suisse et d'Italie les deux infirmités les plus contrastées de l'homme; dans la Dalmatie, les délires d'une imagination exaltée qui a transporté l'exercice de toutes ses facultés sur un ordre purement intellectuel d'idées; dans la Savoie et le Valais. l'absence presque totale des perceptions qui distinguent l'homme de la brute : ce sont, d'un côté, les frénésies d'Ariel, et de l'autre, la stupeur farouche de Caliban.

Pour entrer avec intérêt dans le secret de la composition de *Smarra*, il faut peut-être avoir éprouvé les illusions du *Cochemar* dont ce poëme est l'histoire fidèle, et c'est payer un peu cher l'insipide plaisir de lire une mauvaise traduction. Toutefois, il y a si peu de personnes qui n'aient jamais été poursuivies dans leur sommeil de quelque rêve fâcheux, ou éblouies des prestiges de quelque rêve

enchanteur qui a fini trop tôt, que j'ài
pensé que cet ouvrage auroit au moins
pour le grand nombre le mérite de rappeler des sensations connues qui, comme
le dit l'auteur, n'ont encore été décrites
en aucune langue, et dont il est même
rare qu'on se rende compte à soi-même
en se réveillant. L'artifice le plus dffi-
cile du poëte est d'avoir enfermé le récit d'une anecdote assez soutenue, qui a
son exposition, son nœud, sa péripétie et
son dénouement, dans une succession de
songes bizarres dont la transition n'est
souvent déterminée que par un mot. En
ce point meme cependant, il n'a fait que

se conformer au caprice piquant de la nature qui se joue à nous faire parcourir
dans la durée d'un seul rêve , plusieurs
fois interrompu par des épisodes étrangers
à son objet, tous les développemens d'une
action régulière , complette et plus ou
moins vraisemblable.

Les personnes qui ont lu Apulée s'a-
percevront facilement que la fable du premier livre de l'*Ane d'Or* de cet ingénieux
conteur, a beaucoup de rapport avec
celle-ci, et qu'elles se ressemblent par le
fond presque autant qu'elles diffèrent par
la forme. L'auteur paroît même avoir af-
fecté de solliciter ce rapprochement en

conservant à son principal personnage le
nom de *Lucius*. Le récit du philosophe
de Madaure et celui du prêtre Dalmate,
cité par Fortis, tom. 1, pag. 65, ont en
effet une origine commune dans les chants
traditionnels d'une contrée qu'Apulée avoit
curieusement visitée, mais dont il a dédaigné de retracer le caractère, ce qui n'empêche pas qu'Apulée soit un des écrivains
les plus romantiques des temps anciens.
Il florissoit à l'époque même qui sépare les
âges du goût, des âges de l'imagination.

Je dois avouer en finissant que si j'avois
apprécié les difficultés de cette traduction
avant de l'entreprendre, je ne m'en serois

jamais occupé. Séduit par l'effet général du poëme sans me rendre compte des combinaisons qui le produisoient , j'en avois attribué le mérite à la composition qui est cependant tout-à-fait nulle , et dont le foible intérêt ne soutiendroit pas long-temps l'attention , si l'auteur ne l'a-voit relevé par l'emploi des prestiges d'une imagination qui étonne , et surtout par la hardiesse incroyable d'un style qui ne cesse jamais cependant d'être élevé , pit-toresque , harmonieux. Voilà précisément ce qu'il ne m'étoit pas donné de repro-duire , et ce que je n'aurois pu essayer de faire passer dans notre langue sans une présomption ridicule. Certain que les lecteurs qui connaissent l'ouvrage original ne verront dans cette foible copie qu'une tentative impuissante, j'avois du moins à cœur qu'ils ne crussent pas y voir l'effort trompé d'une vanité malheureuse. J'ai en littérature des juges si sévèrement inflexibles et des amis si religieusement impartiaux, que je suis persuadé d'avance que cette explication ne sera pas inutile pour les uns et pour les autres.

LE PROLOGUE.

Somnia fallaci ludunt temeraria nocte,
Et pavidas mentes falsa timere jubent.

CATULL.

L'île est remplie de bruits, de sons et de doux airs qui donnent du plaisir sans jamais nuire. Quelquefois des milliers d'instrumens tintent confusément à mon oreille; quelquefois ce sont des voix telles que, si je m'éveillais après un long sommeil, elles me feroient dormir encore; et quelquefois en dormant il m'a semblé voir les nuées s'ouvrir, et montrer toutes sortes de biens qui pleuvoient sur moi, de façon qu'en me réveillant, je pleurois comme un enfant de l'envie de toujours rêver.

SHAKSPEARE.

PROLOGUE.

Il y a un moment où l'esprit suspendu dans le vague de ses pensées....... Paix !.... La nuit est tout-à-fait sur la terre. Vous n'entendez plus retentir sur le pavé sonore les pas du citadin qui regagne sa maison, ou l'ongle armé des mules qui arrivent au gîte du soir. Le bruit du vent qui pleure ou siffle entre les ais mal joints de la croisée, voilà tout ce qui vous reste des impressions ordinaires de vos sens, et au bout de quelques instans, vous imaginez que ce murmure lui-même existe en vous. Il devient une voix de votre âme, l'écho d'une idée indéfinissable, mais fixe, qui se confond avec

les premières perceptions du sommeil.
Vous commencez cette vie nocturne
qui se passe (ô prodige !..) dans des
mondes toujours nouveaux, parmi d'innombrables créatures dont le grand
Esprit a conçu la forme sans daigner
l'accomplir, et qu'il s'est contenté de
semer, volages et mystérieux fantômes,
dans l'univers illimité des songes. Les
Sylphes, tout étourdis du bruit de la
veillée, descendent autour de vous en
bourdonnant. Ils frappent du batte-
ment monotone de leurs ailes de pha-
lènes vos yeux appesantis, et vous
voyez long-temps flotter dans l'obscurité profonde la poussière transparente
et bigarrée qui s'en échappe, comme

un petit nuage lumineux au milieu
d'un ciel éteint. Ils se pressent, ils s'embrassent, ils se confondent, impatiens
de renouer la conversation magique
des nuits précédentes, et de se raconter
des événemens inouïs qui se présentent cependant à votre esprit sous
l'aspect d'une réminiscence merveilleuse. Peu à peu leur voix s'affaiblit,
ou bien elle ne vous par vient que par
un organe inconnu qui transforme leurs
récits en tableaux vivans, et qui vous
rend acteur involontaire des scènes
qu'ils ont préparées; car l'imagination
de l'homme endormi, dans la puissance de son âme indépendante et
solitaire, participe en quelque chose

à la perfection des esprits. Elle s'élance
avec eux, et, portée par miracle au milieu du chœur aérien des songes, elle
vole de surprise en surprise jusqu'à l'instant où le chant d'un oiseau matinal
avertit son escorte aventureuse du retour de la lumière. Effrayés du cri pré-
curseur, ils se rassemblent comme un essaim d'abeilles au premier grondement
du tonnerre, quand de larges gouttes
de pluie font pencher la couronne des
fleurs que l'hirondelle caresse sans la
toucher. Ils tombent, rebondissent,
remontent, se croisent comme des atô-
mes entraînés par des puissances con-
traires, et disparoissent en désordre
dans un rayon du soleil.

LE RÉCIT.

.... *O rebus meis*
Non infideles arbitræ,
Nox, et Diana quæ silentium regis,
Arcana cum fiunt sacra;
Nunc, nunc adeste .....

HORAT.

Par quel ordre ces esprits irrités viennent-
ils m'effrayer de leurs clameurs et de leurs
figures de lutins ? Qui roule devant moi
ces brandons de feu ? Qui me fait perdre
mon chemin dans la forêt ? Des singes
hideux dont les dents grincent et mor-
dent, ou bien des hérissons qui traver-
sent exprès les sentiers pour se trouver
sous mes pas et me blesser de leurs
piquans.

SHAKSPEARE.

LE RÉCIT.

Je venois d'achever mes études à l'école des philosophes d'Athènes, et curieux des beautés de la Grèce, je visitois pour la première fois la poétique Thessalie. Mes esclaves m'attendoient à Larisse dans un palais disposé pour me recevoir. J'avois voulu parcourir seul, et dans les heures imposantes de la nuit, cette forêt fameuse par les prestiges des magiciennes, qui étend de longs rideaux d'arbres verts sur les rives du Pénée. Les ombres épaissies qui s'accumuloient sur le dais immense des bois laissoient à peine échapper à travers quelques rameaux

2

plus rares, dans une clairière ouverte
sans doute par la cognée du bûcheron; le rayon tremblant d'une étoile
pâle et cernée de brouillards. Mes paupières appesanties se rabaissoient malgré moi sur mes yeux fatigués de
chercher la trace blanchâtre du sentier
qui s'effaçoit dans le taillis; et je ne ré-
sistois au sommeil qu'en suivant d'une
attention pénible le bruit des pieds de
mon cheval qui tantôt faisaient crier
l'arène, et tantôt gémir l'herbe sèche
en retombant symétriquement sur la
route. S'il s'arrêtoit quelquefois, réveillé
par son repos, je le nommais d'une voix
forte, et je pressois sa marche devenue
trop lente au gré de ma lassitude et de

mon impatience. Etonné de je ne sais quel obstacle inconnu, il s'élançoit par bonds, rouloit dans ses narines des hennissemens de feu, se cabroit de terreur et reculoit plus effrayé par les éclairs que les cailloux brisés faisoient jaillir sous ses pas....

Phlégon, Phlégon, lui dis-je en frappant de ma tête accablée son cou qui se dressoit d'épouvante, ô mon cher Phlégon! n'est-il pas temps d'arriver à Larisse où nous attendent les plaisirs et surtout le sommeil si doux! Un instant de courage encore, et tu dormiras sur une litière de fleurs choisies; car la paille dorée qu'on recueille pour les bœufs de Cérès n'est pas assez fraîche

pour toi !... — Tu ne vois pas, tu ne
vois pas, dit-il en tressaillant... les tor-
ches qu'elles secouent devant nous dé-
vorent la bruyère et mêlent des vapeurs mortelles à l'air que je respire....
Comment veux-tu que je traverse leurs
cercles magiques et leurs danses menaçantes qui feroient reculer jusqu'aux
chevaux du soleil ?

Et cependant le pas cadencé de mon
cheval continuoit toujours à résonner
à mon oreille, et le sommeil plus profond suspendoit plus long-temps mes
inquiétudes. Seulement, il arrivait d'un
instant à l'autre qu'un groupe éclairé
de flammes bizarres, passoit en riant
sur ma tête... qu'un esprit difforme, sous

l'apparence d'un mendiant ou d'un
blessé s'attachoit à mon pied et se laissoit entraîner à ma suite avec une horrible joie, ou bien qu'un vieillard hideux, qui joignoit la laideur honteuse
du crime à celle de la caducité, s'é-
lançoit en croupe derrière moi et me
lioit de ses bras décharnés comme ceux
de la mort. Allons ! Phlégon ! m'é-
criois-je, allons, le plus beau des coursiers qu'ait nourri le mont Ida, brave
les pernicieuses terreurs qui enchaî-
nent ton courage ! Ces démons ne sont
que de vaines apparences. Mon épée,
tournée en cercle autour de ta tête,
divise leurs formes trompeuses qui se
dissipent comme un nuage. Quand les

vapeurs du matin flottent au-dessous des cimes de nos montagnes, et que, frappés par le soleil levant, elles les enveloppent d'une ceinture à demi-transparente, le sommet, séparé de la base, paroît suspendu dans les cieux par une main invisible. C'est ainsi, Phlégon, que les sorcières de Thessalie se divisent sous le tranchant de mon épée. N'entends-tu pas au loin les cris de plaisir qui s'élèvent des murs de Larisse!... Voilà, voilà les tours superbes de la ville de Thessalie, si chère à la volupté; et cette musique qui vole dans l'air, c'est le chant de ses jeunes filles !

Qui me rendra d'entre vous, songes

séducteurs qui bercez l'âme enivrée
dans les souvenirs ineffables du plaisir,
qui me rendra le chant des jeunes filles
de Thessalie et les nuits voluptueuses
de Larisse ? Entre des colonnes d'un
marbre à demi-transparent, sous douze
coupoles brillantes qui réfléchissent
dans l'or et le cristal les feux de cent
mille flambeaux, les jeunes filles de
Thessalie, enveloppées de la vapeur
colorée qui s'exhale de tous les parfums, n'offrent aux yeux qu'une forme
indécise et charmante qui semble prête
à s'évanouir. Le nuage merveilleux balance autour d'elles ou promène sur
leurs groupes enchanteurs tous les jeux
inconstans de sa lumière, les teintes

fraîches de la rose, les reflets animés
de l'aurore, le cliquetis éblouissant
des rayons de l'opale précieuse. Ce
sont quelquefois des pluies de perles
qui roulent sur leurs tuniques légères,
ce sont quelquefois des aigrettes de feu
qui jaillissent de toutes les facettes du
lien d'or qui noue leurs cheveux. Ne
vous effrayez pas de les voir plus pâles
que les autres filles de la Grèce. Elles
appartiennent à peine à la terre, et
semblent se réveiller d'une vie passée.
Elles sont tristes aussi, soit parce
qu'elles viennent d'un monde où elles
ont quitté l'amour d'un Esprit ou d'un
Dieu, soit parce qu'il y a, dans le
cœur d'une femme qui commence à

aimer un immense besoin de souffrir.

Eeoutez cependant. Voilà les chants des jeunes filles de Thessalie, la musique qui monte, qui monte dans l'air, qui émeut, en passant comme une nue harmonieuse, les vitraux solitaires des ruines chères aux poëtes. Ecoutez ! Elles embrassent leurs lyres d'ivoire, interrogent les cordes sonores qui répondent une fois, vibrent un moment, s'arrêtent, et, devenues immobiles, prolongent encore je ne sais quelle harmonie sans fin que l'âme entend par tous les sens : mélodie pure comme la plus douce pensée d'une âme heureuse, comme le premier baiser de l'amour avant que l'amour se soit

compris lui-même ; comme le regard
d'une mère qui caresse le berceau de
l'enfant dont elle a rêvé la mort, et
qu'on vient de lui rapporter, tranquille
et beau dans son sommeil .Ainsi s'évanouit, abandonné aux airs, égaré dans
les échos, suspendu au milieu du silence du lac, ou mourant avec la vague au pied du rocher insensible, le
dernier soupir du sistre d'une jeune
femme qui pleure parce que son amant
n'est pas venu. Elles se regardent, se
penchent, se consultent, croisent leurs
bras élégans, confondent leurs cheve-
lures flottantes, dansent pour donner
de la jalousie aux nymphes, et font
jaillir sous leurs pas une poussière en-

flammée qui vole, qui blanchit, qui s'é-
teint, qui retombe en cendres d'argent;
et l'harmonie de leurs chants coule
toujours comme un fleuve de miel,
comme le ruisseau gracieux qui em-
bellit de ses murmures si doux des
rives aimées du soleil et riches de secrets détours, de baies fraîches et ombragées, de papillons et de fleurs. Elles
chantent....

Une seule peut-être.... grande, immobile, debout, pensive ... Dieux !
qu'elle est sombre et affligée derrière
ses compagnes, et que veut-elle de
moi? Ah! ne poursuis pas ma pensée,
apparence imparfaite de la bien-aimée
qui n'est plus, ne trouble pas le doux

charme de mes veillées du reproche
effrayant de ta vue! Laisse-moi, car je
t'ai pleurée sept ans ; laisse-moi oublier
les pleurs qui brûlent encore mes joues
dans les innocentes délices de la danse
des sylphides et de la musique des fées.
Tu vois bien qu'elles viennent! Tu vois
leurs groupes se lier, s'arrondir en festons mobiles, inconstans, qui se dis-
putent, qui se succèdent, qui s'appro-
chent, qui fuient, qui montent comme
la vague apportée par le flux, et descendent comme elle, en roulant sur
leurs ondes fugitives toutes les couleurs
de l'écharpe qui embrasse le ciel et la
mer à la fin des tempêtes, quand elle
vient briser en expirant le dernier

point de son cercle immense contre la proue du vaisseau.

Et que m'importent à moi les accidens de la mer et les curieuses inquiétudes du voyageur, à moi qu'une faveur divine, qui fut peut-être dans une vie ancienne un des privilèges de l'homme, affranchit, quand je le veux (bénéfice délicieux du sommeil), de tous les périls qui vous menacent? A peine mes yeux sont fermés, à peine cessé la mélodie qui ravissoit mes esprits ; si le créateur des prestiges de la nuit creuse devant moi quelque abîme profond, gouffre inconnu où expirent toutes les formes, tous les sons et toutes les lumières de la terre ; s'il jette sur un tor-

rent bouillonnant et avide de morts
quelque pont rapide, étroit, glissant,
qui ne promet pas d'issue ; s'il me lance
à l'extrémité d'une planche élastique,
tremblante, qui domine sur des préci-
pices que l'œil même craint de son-
der......... Paisible, je frappe le sol
obéissant d'un pied accoutumé à lui
commander. Il cède, il répond, je
pars, et content de quitter les hommes, je vois fuir, sous mon essor facile, les rivières bleues des continents,
les sombres déserts de la mer, le toit
varié des forêts que bigarent le vert
naissant du printemps, la pourpre et
l'or de l'automne, le bronze mat et le
violet terne des feuilles crispées de

l'hiver. Si quelque oiseau étourdi fait bruire à mon oreille ses ailes haletantes, je m'élance, je monte encore, j'aspire à des mondes nouveaux. Le fleuve n'est plus qu'un fil qui s'efface dans une verdure sombre, les montagnes qu'un point vague dont le sommet s'anéantit dans sa base, l'Océan qu'une tache obscure dans je ne sais quelle masse égarée au milieu des airs, où elle tourne plus rapidement que l'osselet à six faces que font rouler sur son axe pointu les petits enfans d'Athènes, le long des galeries aux larges dalles qui embrassent le Céramique.

Avez-vous jamais vu le long des murs du Céramique, lorsqu'ils sont frappés dans les premiers jours de l'année par les rayons du soleil qui régénère le monde, une longue suite d'hommes hâves, immobiles, aux joues creusées par le besoin, aux regards éteints et stupides : les uns accroupis comme des brutes ; les autres debout, mais appuyés contre les piliers, et fléchissans à demi sous le poids de leur corps exténué? Les avez-vous vus, la bouche entr'ouverte pour aspirer encore une fois les premières influences de l'air vivifiant, recueillir avec une morne volupté les douces impressions de la tiède chaleur du printemps? Le même spectacle vous auroit frappé dans les murailles de Larisse, car il

y a des malheureux partout : mais ici
le malheur porte l'empreinte d'une fa-
talité particulière qui est plus dégra-
dante que la misère, plus poignante
que la faim, plus accablante que le désespoir. Ces infortunés s'avancent lentement à la suite les uns des autres, et
marquent entre tous leurs pas de longues stations, comme des figures fan-
tastiques disposées par un mécanicien
habile sur une roue qui indique les di-
visions du temps. Douze heures s'écou-
lent pendant que le cortége silencieux
suit le contour de la place circulaire,
quoique l'étendue en soit si bornée
qu'un amant peut lire d'une extrémité
à l'autre sur la main plus ou moins dé-

ployée de sa maîtresse, le nombre des heures de la nuit qui doivent amener l'heure si désirée du rendez-vous. Ces spectres vivans n'ont conservé presque rien d'humain. Leur peau ressemble à un parchemin blanc tendu sur des ossemens. L'orbite de leurs yeux n'est pas animé par une seule étincelle de l'âme. Leurs lèvres pâles frémissent d'inquiétude et de terreur, ou, plus hideuses encore, elle roulent un sourire dédaigneux et farouche, comme la dernière pensée d'un condamné résolu qui subit son supplice. La plupart sont agités de convulsions foibles, mais continues, et tremblent comme la branche de fer de cet instrument sonore

que les enfans font bruire entre leurs
dents. Les plus à plaindre de tous,
vaincus par la destinée qui les pour-
suit, sont condamnés à effrayer à jamais les passans de la repoussante dif-
formité de leurs membres noués et de
leurs attitudes inflexibles. Cependant,
cette période régulière de leur vie qui
sépare deux sommeils est pour eux
celle de la suspension des douleurs
qu'ils redoutent le plus. Victimes de la
vengeance des sorcières de Thessalie,
ils retombent en proie à des tourmens
qu'aucune langue ne peut exprimer,
dès que le soleil, prosterné sous l'horizon occidental, a cessé de les proté-
ger contre les redoutables souveraines

des ténèbres. Voilà pourquoi ils suivent son cours trop rapide, l'œil toujours fixé sur l'espace qu'il embrasse, dans l'espérance, toujours déçue, qu'il oubliera une fois son lit d'azur, et qu'il finira par rester suspendu aux nuages d'or du couchant. A peine la nuit vient les détromper, en développant ses ailes de crêpe, sur lesquelles il ne reste pas même une des clartés livides qui mouroient tout à l'heure au sommet des arbres ; à peine le dernier reflet qui pétilloit encore sur le métal poli au faîte d'un bâtiment élevé achève de s'évanouir, comme un charbon encore ardent dans un brasier éteint, qui blanchit peu à peu sous la cendre, et ne se distingue bientôt plus du fond de l'âtre abandonné, un murmure formidable s'élève parmi eux, leurs dents se claquent de désespoir et de rage ; ils se pressent et s'évitent de peur de trouver partout des assassins et des fantômes. Il fait nuit !... et l'enfer va se rouvrir !

Il y en avoit un, entre autres, dont toutes les articulations crioient comme des ressorts fatigués, et dont la poitrine exhaloit un son plus rauque et plus sourd que celui de la vis rouillée qui tourne avec peine dans son écrou. Mais quelques lambeaux d'une riche broderie qui pendoient encore à son manteau, un regard plein de tristesse et de grâce qui éclaircissoit de temps en

temps la langueur de ses traits abattus,
je ne sais quel mélange inconcevable
d'abrutissement et de fierté qui rappe-
loit le désespoir d'une panthère assujé-
tie au baillon déchirant du chasseur, le
faisoient remarquer dans la foule de ses
misérables compagnons ; et quand il
passoit devant des femmes, on n'enten-
doit qu'un soupir. Ses cheveux blonds
rouloient en boucles négligées sur ses
épaules, qui s'élevoient blanches et
pures comme une touffe de lys au-dessus de sa tunique de pourpre. Cependant, son cou portoit l'empreinte du
sang, la cicatrice triangulaire d'un fer
de lance, la marque de la blessure qui
me ravit Polémon au siége de Corinthe,

quand ce fidèle ami se précipita sur
mon cœur, au devant de la rage effré-
née du soldat déjà victorieux, mais jaloux de donner au champ de bataille
un cadavre de plus. C'étoit ce Polémon
que j'avois si long-temps pleuré, et qui
revient toujours dans mon sommeil me
rappeler avec un baiser froid que nous
devons nous retrouver dans l'immortelle vie de la mort. C'étoit Polémon
encore vivant, mais conservé pour une
existence si horrible que les larves et
les spectres de l'enfer se consolent
entre eux en se racontant ses douleurs;
Polémon tombé sous l'empire des sorcières de Thessalie et des démons qui
composent leur cortège dans les so-

lennités, les inexplicables solennités
de leurs fêtes nocturnes. Il s'arrêta,
chercha long-temps d'un regard étonné
à lier un souvenir à mes traits, se rapprocha de moi à pas inquiets et mesu-
rés, toucha mes mains d'une main pal-
pitante qui trembloit de les saisir, et
après m'avoir enveloppé d'une étreinte
subite que je ne ressentis pas sans effroi,
après avoir fixé sur mes yeux un rayon
pâle qui tomboit de ses yeux voilés,
comme le dernier jet d'un flambeau qui
s'éloigne à travers la trappe d'un ca-
chot.—Lucius! Lucius! s'écria-t-il avec
un rire affreux. —Polémon, cher Polémon, l'ami, le sauveur de Lucius!..
—Dans un autre monde, dit-il en bais-

sant la voix; je m'en souviens.... c'étoit dans un autre monde, dans une vie qui n'appartenoit pas au sommeil et à ses fantômes. — Que dis-tu de fantômes?.. — Regarde, répondit-il en étendant le doigt dans le crépuscule!.. Les voilà qui viennent.

Oh! ne te livre pas, jeune infortuné, aux inquiétudes des ténèbres! Quand les ombres des montagnes descendent en grandissant, rapprochent de toutes parts la pointe et les côtés de leurs pyramides gigantesques, et finissent par s'embrasser en silence sur la terre obscure; quand les images fantastiques des nuages s'étendent, se confondent et rentrent ensemble sous le voile protecteur de la nuit comme des époux clandestins ; quand les oiseaux des funérailles commencent à crier derrière les bois, et que les reptiles chantent d'une voix cassée quelques paroles monotones à la lisière des marécages... alors, mon Polémon, ne livre pas ton imagination tourmentée aux illusions de 'ombre et de la solitude. Fuis les sentiers cachés où les spectres se donnent rendez-vous pour former de noires conjurations contre le repos des hommes ; le voisinage des cimetières où se rassemble le conseil mystérieux des morts, quand ils viennent, enveloppés de leurs suaires, apparoître devant l'Aréopage qui siége dans des cercueils :

fuis la prairie découverte où l'herbe foulée en rond noircit, stérile et desséchée, sous le pas cadencé des sorcières. Veux-tu m'en croire, Polémon? Quand la lumière, épouvantée à l'approche des mauvais esprits, se retire en pâlissant, viens ranimer avec moi ses prestiges dans les fêtes de l'opulence et dans les orgies de la volupté. L'or manque-t-il jamais à mes souhaits? Les mines les plus précieuses ont-elles une veine cachée qui me refuse ses trésors? Le sable même des ruisseaux se transforme sous ma main en pierres exquises qui feroient l'ornement de la couronne des rois. Veux-tu m'en croire, Polémon? C'est en vain que le

jour s'éteindroit, tant que les feux que
ses rayons ont allumés pour l'usage de
l'homme pétillent encore dans les il-
luminations des festins, ou dans les
clartés plus discrètes qui embellissent
les veillées délicieuses de l'amour. Les
démons, tu le sais, craignent les vapeurs odorantes de la cire et de l'huile
embaumée qui brillent doucement dans
l'albâtre, ou versent des ténèbres roses
à travers la double soie de nos riches
tentures. Ils frémissent à l'aspect des
marbres polis, éclairés par les lustres
aux cristaux mobiles, qui lancent autour
d'eux de longs jets de diamans, comme
une cascade frappée du dernier regard
d'adieu du soleil horizontal. Jamais une

sombre lamie, une mante décharnée
n'osa étaler la hideuse laideur de ses
traits dans les banquets de Thessalie.
La lune même qu'elles invoquent les
effraie souvent quand elle laisse tomber sur elles un de ces rayons passa-
gers qui donnent aux objets qu'ils
effleurent la blancheur terne de l'étain.
Elles s'échappent alors plus rapides
que la couleuvre avertie par le bruit
du grain de sable qui roule sous le
pied du voyageur. Ne crains pas
qu'elles te surprennent au milieu des
feux qui étincellent dans mon palais,
et qui rayonnent de toutes parts sur
l'acier éblouissant des miroirs. Vois
plutôt, mon Polémon, avec quelle

agilité elles se sont éloignées de nous depuis que nous marchons entre les flambeaux de mes serviteurs, dans ces galeries décorées de statues, chefs-d'œuvre inimitables du génie de la Grèce. Quelqu'une de ces images t'au-roit-elle révélé par un mouvement me-naçant la présence de ces esprits fan-tastiques qui les animent quelquefois quand la dernière lueur qui se détache de la dernière lampe, monte et s'éteint dans les airs? L'immobilité de leurs for-mes, la pureté de leurs traits, le calme de leurs attitudes qui ne changeront jamais rassureroient la frayeur même. Si quelque bruit étrange a frappé ton oreille, ô frère chéri de mon cœur !

c'est celui de la nymphe attentive qui
répand sur tes membres appesantis
par la fatigue les trésors de son urne
de cristal, en y mêlant des parfums
jusqu'ici inconnus à Larisse, un ambre limpide que j'ai recueilli sur le
bord des mers qui baignent le berceau
du soleil ; le suc d'une fleur mille fois
plus suave que la rose qui ne croît que
dans les épais ombrages de la brune
Corcyre (1) ; les pleurs d'un arbuste
aimé d'Apollon et de son fils, et qui

---

(1) Je crois qu'il n'est pas question ici de l'ancienne Corcyre, mais de l'île de *Curzola*, que les
Grecs appeloient *Corcyre-la-Brune*, à cause de
l'aspèct que lui donnoient au loin les vastes forêts
dont elle étoit couverte. (*Note du traducteur.*)

étale sur les rochers d'Epidaure ses bouquets composés de cymbales de pourpre toutes tremblantes sous le poids de la rosée. Et comment les charmes des magiciennes trouble-roient-ils la pureté des eaux qui bercent autour de toi leurs ondes d'argent ? Myrthé, cette belle Myrthé aux cheveux blonds, la plus jeune et la plus chérie de mes esclaves, celle que tu as vue se pencher à ton passage, car elle aime tout ce que j'aime ; elle a des enchantemens qui ne sont connus que d'elle et d'un esprit qui les lui confie dans les mystères du sommeil; elle erre maintenant comme une ombre autour de l'enceinte des bains où s'élève peu à peu la surface de l'onde salutaire; elle court en chantant des airs qui chassent les démons, et en touchant de temps à autre les cordes d'une harpe errante que des génies obéissans ne manquent jamais de lui offrir avant que ses désirs aient le temps de se faire connoître en passant de son âme à ses yeux. Elle marche; elle court; la harpe marche, court et chante sous sa main. Ecoute le bruit de la harpe qui résonne, la voix de la harpe de Myrthé : c'est un son plein, grave, solennel, qui fixe les idées de la terre, qui se prolonge, qui se soutient, qui occupe l'âme comme une pensée sérieuse ; et puis il vole, il fuit, il s'é-

vanouit, il revient ; et les airs de la
harpe de Myrthé (enchantement ravissant des nuits!), les airs de la harpe de
Myrthé qui volent, qui fuient, qui
s'évanouissent, qui reviennent encore;
comme elle chante, comme ils volent,
les airs de la harpe de Myrthé, les airs
qui chassent le démon!.. Ecoute, Polémon, les entens-tu?

J'ai éprouvé en vérité toutes les illusions des rêves, et que serois-je alors
devenu sans le secours de la harpe de
Myrthé, sans le secours de sa voix, si
attentive à troubler le repos douloureux et gémissant de mes nuits?....
Combien de fois je me suis penché
dans mon sommeil sur l'onde limpide

et dormante, l'onde trop fidèle à reproduire mes traits altérés, mes cheveux hérissés de terreur, mon regard fixe et morne comme celui du désespoir qui ne pleure plus !.. Combien de fois j'ai frémi en voyant des traces d'un sang livide courir autour de mes lèvres pâles ; en sentant mes dents chancelantes repoussées de leurs alvéoles, mes ongles détachés de leur racine s'ébranler, et tomber ! Combien de fois, effrayé de ma nudité, de ma honteuse nudité, je me suis livré inquiet à l'ironie de la foule avec une tunique plus courte, plus légère, plus transparente que celle qui enveloppe une courtisane au seuil du lit effronté de

la débauche ! O ! combien de fois des
rêves plus hideux, des rêves que Polémon lui-même ne connoît point... Et
que serois-je devenu alors, que serois-je
devenu sans le secours de la harpe de
Myrthé, sans le secours de sa voix et
de l'harmonie qu'elle enseigne à ses
sœurs, quand elles l'entourent obéis-
santes, pour charmer les terreurs du
malheureux qui dort, pour faire bruire
à son oreille des chants venus de loin,
comme la brise qui court entre peu de
voiles ; des chants qui se marient, qui
se confondent, qui assoupissent les
songes orageux du cœur et qui enchantent leur silence dans une longue mélodie.

Et maintenant, voici les sœurs de Myrthé qui ont préparé le festin. Il y a Théïs reconnoissable entre toutes les filles de Thessalie, quoique la plupart des filles de Thessalie aient des cheveux noirs qui tombent sur des épaules plus blanches que l'albâtre ; mais il n'y en a point qui aient des cheveux bouclés en ondes souples et voluptueuses, comme les cheveux noirs de Théïs. C'est elle qui penche sur la coupe ardente où blanchit un vin bouillant le vase d'une précieuse argile, et qui en laisse tomber goutte à goutte en topazes liquides le miel le plus exquis qu'on ait jamais recueilli sur les ormeaux de Sicile. L'abeille,

privée de son trésor, vole inquiète au
milieu des fleurs; elle se pend aux
branches solitaires de l'arbre abandonné, en demandant son miel aux
zéphirs. Elle murmure de douleur,
parce que ses petits n'auront plus
d'asile dans aucun des mille palais à
cinq murailles qu'elle leur a bâtis avec
une cire légère et transparente, et
qu'ils ne goûteront pas le miel qu'elle
avoit récolté pour eux sur les buissons
parfumés du mont Hybla. C'est Théïs
qui répand dans un vin bouillant le
miel dérobé aux abeilles de Sicile; et
les autres sœurs de Théïs, celles qui
ont des cheveux noirs, car il n'y a que
Myrthé qui soit blonde, elles cou-

rent soumises, empressées, caressantes, avec un sourire obéissant, autour
des apprêts du banquet. Elles sèment
des fleurs de grenades ou des feuilles
de roses sur le lait écumeux ; ou bien
elles attisent les fournaises d'ambre et
d'encens qui brûlent sous la coupe
ardente où blanchit un vin bouillant ;
les flammes qui se courbent de loin
autour du rebord circulaire, qui se
penchent, qui se rapprochent, qui
l'effleurent, qui caressent ses lèvres
d'or, et finissent par se confondre
avec les flammes aux langues blanches
et bleues qui volent sur le vin. Les
flammes montent, descendent, s'égarent comme ce démon fantastique des

solitudes qui aime à se mirer dans les fontaines. Qui pourra dire combien de fois la coupe a circulé autour de la table du festin, combien de fois épuisée, elle a vu ses bords inondés d'un nouveau nectar? Jeunes filles, n'épargnez ni le vin ni l'hydromel. Le soleil ne cesse de gonfler de nouveaux raisins, et de verser des rayons de son immortelle splendeur dans la grappe éclatante qui se balance aux riches festons de nos vignes, à travers les feuilles rembrunies du pampre arrondi en guirlandes qui court parmi les mûriers de Tempé. Encore cette libation pour chasser les démons de la nuit! Quant à moi, je ne vois plus ici que les esprits joyeux de l'ivresse qui s'échappent en pétillant de la mousse frémissante, se poursuivent dans l'air comme des moucherons de feu , ou viennent éblouir de leurs ailes radieuses mes paupières échauffées; semblables à ces insectes agiles (1) que la nature a ornés de feux innocens, et que souvent dans la silencieuse fraîcheur d'une courte nuit d'été, on voit jaillir en essaim du milieu d'une touffe de verdure , comme une gerbe d'étincelles, sous les coups redoublés du forgeron. Ils flottent emportés par une

---

(1) Voyez à la fin du volume *la Luciole* de Giorgi.

légère brise qui passe, ou appelés par
quelque doux parfum dont ils se nour-
rissent dans le calice des roses. Le
nuage lumineux se promène, se berce
inconstant, se repose ou tourne un
moment sur lui-même, et tombe tout
entier sur le sommet d'un jeune pin
qu'il illumine comme une pyramide
consacrée aux fêtes publiques, ou à la
branche inférieure d'un grand chêne à
laquelle il donne l'aspect d'une giran-
dole préparée pour les veillées de la
forêt. Vois comme ils jouent autour
de toi, comme ils frémissent dans les
fleurs, comme ils rayonnent en reflets
de feu sur les vases polis : ce ne sont
point des démons ennemis. Ils dan-

sent, ils se réjouissent, ils ont l'aban-
don et les éclats de la folie. S'ils s'exer-
cent quelquefois à troubler le repos
des hommes, ce n'est jamais que pour
satisfaire, comme un enfant étourdi, à
de rians caprices. Ils se roulent, mali-
cieux, dans le lin confus qui court autour du fuseau d'une vieille bergère,
croisent, embrouillent les fils égarés,
et multiplient les nœuds contrarians
sous les efforts de son adresse inutile.
Quand un voyageur qui a perdu sa
route cherche d'un œil avide à travers
tout l'horizon de la nuit quelque point
lumineux qui lui promette un asile,
long-temps ils le font errer de sentiers
en sentiers, à la lueur d'un feu infi-

dèle, au bruit d'une voix trompeuse,
ou de l'aboiement éloigné du chien vi-
gilant qui rôde comme une sentinelle
autour de la ferme solitaire ; ils abu-
sent ainsi l'espérance du pauvre voyageur, jusqu'à l'instant où touchés de
pitié pour sa fatigue, ils lui présentent
tout à coup un gîte inattendu que per-
sonne n'avoit jamais remarqué dans ce
désert ; quelquefois même , il est
étonné de trouver à son arrivée un
foyer pétillant dont le seul aspect ins-
pire la gaîté, des mets rares et délicats
que le hasard a procurés à la chaumière
du pêcheur ou du braconnier, et une
jeune fille, belle comme les Grâces,
qui le sert en craignant de lever les

yeux : car il lui a paru que cet étranger étoit dangereux à regarder. Le lendemain, surpris qu'un si court repos lui ait rendu toutes ses forces, il se lève heureux au chant de l'alouette qui salue un ciel pur, il apprend que son erreur favorable a raccourci son chemin de vingt stades et demi, et son cheval hennissant d'impatience, les naseaux ouverts, le poil lustré, la crinière lisse et brillante, frappe devant lui la terre d'un triple signal de départ. Le lutin bondit de la croupe à la tête du cheval du voyageur, il passe ses doigts subtils dans la vaste crinière, il la roule, la relève en ondes ; il regarde, il s'applaudit de ce qu'il a fait, et il part content pour aller s'égayer du dépit d'un homme endormi qui brûle de soif, et qui voit fuir, se diminuer, tarir devant ses lèvres allongées un breuvage rafraîchissant ; qui sonde inutilement la coupe du regard ; qui aspire inutilement la liqueur absente ; puis se réveille, et trouve le vase rempli d'un vin de Syracuse qu'il n'a pas encore goûté, et que le follet a exprimé de raisins de choix, tout en s'amusant des inquiétudes de son sommeil. Ici, tu peux boire, parler ou dormir sans terreur, car les follets sont nos amis. Satisfais seulement à la curiosité impatiente de Théïs et de Myrthé, à la curiosité plus intéressée de Thé-

laïre qui n'a pas détourné de toi ses longs
cils brillans, ses grands yeux noirs qui
roulent comme des astres favorables
sur un ciel baigné du plus tendre azur.
Raconte-nous, Polémon, les extrava-
gantes douleurs que tu as cru éprou-
ver sous l'empire des sorcières; car les
tourmens dont elles poursuivent notre
imagination ne sont que la vaine illusion d'un rêve qui s'évanouit au premier rayon de l'aurore. Théïs, Thélaïre et Myrthé sont attentives... Elles
écoutent... Eh bien! parle... raconte-
nous tes désespoirs, tes craintes et les
folles erreurs de la nuit; et toi, Théïs,
verse du vin; et toi, Thélaïre, souris à
son récit pour que son âme se con-

sole ; et toi, Myrthé, si tu le vois, surpris du souvenir de ses égaremens, céder à une illusion nouvelle, chante et
soulève les cordes de la harpe magique... Demande-lui des sons consola-
teurs, des sons qui renvoient les mauvais esprits... C'est ainsi qu'on affranchit
les heures austères de la nuit de l'empire tumultueux des songes, et qu'on
échappe de plaisirs en plaisirs aux si-
nistres enchantemens qui remplissent
la terre pendant l'absence du soleil.

L'ÉPISODE.

Hanc ego de cœlo ducentem sidera vidi ,
   Fluminis hœc rapidi carmine vertit iter.
Hœc cantu finditque solum, manesque sepulchris
   Elicit, et tepido devocat ossa rogo.
Cum libet, hœc tristi depellit nubila cœlo ;
   Cum libet, æstivo convocat orbe nives.

TIBULL.

Compte que cette nuit tu auras des tremblemens et des convulsions ; les démons, pendant tout ce temps de nuit profonde où il
leur est permis d'agir, exerceront sur toi
leur cruelle malice. Je t'enverrai des pince-
mens aussi serrés que les cellules de la rû-
che, et chacun d'eux sera aussi brûlant que
l'aiguillon de l'abeille qui la construit.

SHAKSPEARE.

L'ÉPISODE.

___

Qui de vous ne connoît, ô jeunes filles ! les doux caprices des femmes, dit Polémon réjoui. Vous avez aimé sans doute, et vous savez comment le cœur d'une veuve pensive, qui égare ses souvenirs solitaires sur les rives ombragées du Pénée, se laisse surprendre quelquefois par le teint rembruni d'un soldat dont les yeux étincèlent du feu de la guerre, et dont le sein brille de l'éclat d'une généreuse cicatrice. Il marche fier et tendre parmi les belles comme un lion apprivoisé qui cherche à oublier dans les plaisirs d'une heu-

reuse et facile servitude le regret de ses
déserts. C'est ainsi que le soldat aime
à occuper le cœur des femmes, quand
il n'est plus appelé par le clairon des
batailles et que les hasards du combat
ne sollicitent plus son ambition impatiente. Il sourit du regard aux jeunes
filles, et il semble leur dire : Aimez-
moi !..

Vous savez aussi, puisque vous êtes
Thessaliennes, qu'aucune femme n'a jamais égalé en beauté cette noble Méroé qui, depuis son veuvage, traîne de
longues draperies noires bordées d'argent. Méroé ne le cède en beauté à aucune femme de la Grèce, vous le savez. Elle est majestueuse comme les

déesses, et cependant il y a dans ses
yeux je ne sais quelles flammes mortelles qui enhardissent les prétentions
dé l'amour. — Oh! combien de fois je
me suis plongé dans l'air qu'elle en-
traîne, dans la poussière que ses pieds
font voler, dans l'ombre fortunée qui la
suit !.. Combien de fois je me suis jeté
au-devant de sa marche pour dérober
un rayon à ses regards, un souffle à sa
bouche, un atôme au tourbillon qui
flatte, qui caresse ses mouvemens;
combien de fois (Thélaïre, me le par-
donneras-tu ?), j'épiai la volupté brû-
lante de sentir un des plis de sa robe
frémir contre ma tunique, ou de pouvoir ramasser d'une lèvre avide une

des paillettes de ses broderies dans les allées des jardins de Larisse! Quand elle passoit, vois-tu, tous les nuages rougissoient comme à l'approche de la tempête; mes oreilles siffloient, mes prunelles s'obscurcissoient dans leur orbite égaré, mon cœur étoit près de s'anéantir sous le poids d'une intolérable joie. Elle étoit là ! je saluois les ombres qui avoient flotté sur elle, j'aspirois l'air qui l'avoit touchée; je disois à tous les arbres des rivages : avez-vous vu Méroé? Si elle s'étoit couchée sur un banc de fleurs, avec quel amour jaloux je recueillois les fleurs que son corps avoit froissées, les losanges imbibés de carmin qui décorent le front penché de l'anémone, les flèches éblouissantes qui jaillissent du disque d'or de la marguerite, le voile d'une chaste gaze qui se roule autour d'un jeune lys avant qu'il ait souri au soleil; et si j'osois presser d'un embrassement sacrilége tout ce lit de fraîche verdure, elle m'incendioit d'un feu plus subtil que celui dont la mort a tissu les vêtemens nocturnes d'un fiévreux. Méroé ne pouvoit pas manquer de me remarquer. J'étois partout. Un jour, à l'approche du crépuscule, je trouvai son regard : il sourioit; elle m'avoit devancé, son pas se ralentit. J'étois seul derrière elle, et je la vis se détourner. L'air étoit calme, il ne troubloit pas ses cheveux, et sa main sou-

levée s'en rapprocha comme pour répa-
rer leur désordre. Je la suivis, Lucius,
jusqu'au palais, jusqu'au temple de la
princesse de Thessalie, et la nuit descendit sur nous, nuit de délices et de terreur!.. Puisse-t-elle avoir été la dernière
de ma vie et avoir fini plus tôt !

Je ne sais si tu as jamais supporté
avec une résignation mêlée d'impatience et de tendresse le poids du
corps d'une maîtresse endormie qui
s'abandonne au repos sur ton bras
étendu sans s'imaginer que tu souf-
fres ; si tu as essayé de lutter contre
le frisson qui saisit peu à peu ton
sang, contre l'engourdissement qui
enchaîne tes muscles soumis ; de
t'opposer à la conquête de la mort

qui menace de s'étendre jusqu'à ton âme (1)! C'est ainsi, Lucius, qu'un frémissement douloureux parcouroit rapidement mes nerfs, en les ébranlant de tremblemens inattendus, comme le crochet aigu du *plectrum* qui fait dissonner toutes les cordes de la lyre, sous les doigts d'un musicien inhabile. Ma chair se tourmentoit comme une membrane sèche approchée du

---

(1) Dans la *Tempête* de Shakespeare, type inimitable de ce genre de composition, *l'homme monstre qui est dévoué aux malins esprits,* se plaint aussi des crampes insupportables qui précèdent ses rêves. Il est singulier que cette induction physiologique, sur une des plus cruelles maladies dont l'espèce humaine soit tourmentée, n'ait été saisie que par des poëtes.

7

feu. Ma poitrine soulevée étoit près
de rompre, en éclatant, les liens de
fer qui l'enveloppoient, quand Méroé
tout-à-coup assise à mes côtés, arrêta
sur mes yeux un regard profond, éten-
dit sa main sur mon cœur pour s'as-
surer que le mouvement en étoit suspendu, l'y reposa long-temps, pesante
et froide, et s'enfuit loin de moi de
toute la vitesse d'une flèche que la
corde de l'arbalète repousse en frémissant. Elle couroit sur les marbres du
palais, en répétant les airs des vieilles
bergères de Syracuse qui enchantent
la lune dans ses nuages de nacre et
d'argent, tournoit dans les profon-
deurs de la salle immense, et crioit de

temps à autre, avec les éclats d'une
gaîté horrible, pour appeler je ne sais
quels amis qu'elle ne m'avoit pas encore
nommés.

Pendant que je regardois plein de
terreur, et que je voyois descendre le
long des murailles, se presser sous les
portiques, se balancer sous les voûtes
une foule innombrable de vapeurs dis-
tinctes les unes des autres, mais qui
n'avoient de la vie que des apparences
de formes, une voix foible comme le
bruit de l'étang le plus calme dans une
nuit silencieuse, une couleur indécise
empruntée aux objets devant lesquels
flottoient leurs figures transparentes
— La flamme azurée et pétillante jail-

lit tout-à-coup de tous les trépieds, et Méroé formidable voloit de l'un à l'autre en murmurant des paroles confuses :

« Ici de la verveine en fleurs... là,
« trois brins de sauge cueillis à minuit
« dans le cimetière de ceux qui sont
« morts par l'épée... ici, le voile de la
« bien-aimée sous lequel le bien-aimé
« cacha sa pâleur et sa désolation après
« avoir égorgé l'époux endormi pour
« jouir de ses amours... ici encore, les
« larmes d'une tigresse excédée par la
« faim qui ne se console pas d'avoir
« dévoré un de ses petits. »

Et ses traits renversés exprimoient tant de souffrance et d'horreur qu'elle me fit presque de la pitié. Inquiète de voir ses conjurations suspendues par quelque obstacle imprévu, elle bondit de rage, s'éloigna, revint armée de deux longues baguettes d'ivoire, liées à leur extrémité par un lacet composé de treize crins, détachés du cou d'une superbe cavale blanche par le voleur même qui avait tué son maître, et sur la tresse flexible elle fit voler le *rhombus* (1) d'ébène, aux globes vides et sonores, qui bruit et hurla dans l'air et revint en roulant avec un grondement sourd, et roula encore en grondant, et puis se ralentit et tomba. Les

(1) Voyez la note sur le *rhombus*.

flammes des trépieds se dressoient
comme des langues de couleuvres, et
les ombres étoient contentes. « Venez,
« venez, crioit Méroé, il faut que les
« démons de la nuit s'apaisent, et que
« les morts se réjouissent. Apportez-
« moi de la verveine en fleurs, de la
« sauge cueillie à minuit, et du trèfle
« à quatre feuilles ; donnez des mois-
« sons de jolis bouquets à Saga et aux
« démons de la nuit. » Puis tournant
un œil étonné sur l'aspic d'or dont
les replis s'arrondissoient autour de
son bras nu ; sur le bracelet précieux,
ouvrage du plus habile artiste de la
Thessalie, qui n'y avoit épargné ni le
choix des métaux, ni la perfection du

travail — l'argent y étoit incrusté en
écailles délicates, et il n'y en avoit pas
une dont la blancheur ne fût relevée
par l'éclat d'un rubis ou par la transparence si douce au regard d'un sa-
phir plus bleu que le ciel — Elle le
détache, elle médite, elle rêve, elle
appelle le serpent en murmurant des
paroles secrètes ; et le serpent animé se
déroule et fuit avec un sifflement de
joie comme un esclave délivré. Et le
rhombus roule encore ; il roule toujours en grondant ; il roule comme la
foudre éloignée qui se plaint dans des
nuages emportés par le vent, et qui
s'éteint en gémissant dans un orage
fini. Cependant, toutes les voûtes

s'ouvrent, tous les espaces du ciel se
déploient, tous les astres descendent, tous les nuages s'aplanissent et
baignent le seuil comme des par
vis de ténèbres. La lune, tachée de
sang, ressemble au bouclier de fer
sur lequel on vient de rapporter le
corps d'un jeune Spartiate égorgé par
l'ennemi. Elle roule et appesantit
sur moi son disque livide, qu'obs-
curcit encore la fumée des trépieds
éteints Méroé continue à courir en
frappant de ses doigts d'où jaillissent de longs éclairs les innombrables colonnes du palais, et chaque colonne, qui se divise sous les doigts de
Méroé, découvre une colonnade im-

mense qui est peuplée de fantômes, et
chacun des fantômes frappe comme
elle une colonne qui ouvre des colon-
nades nouvelles ; et il n'y a pas une
colonne qui ne soit témoin du sacrifice
d'un enfant nouveau-né arraché aux
caresses de sa mère. Pitié! pitié! m'é-
criai-je pour la mère infortunée qui
dispute son enfant à la mort. — Mais
cette prière étouffée n'arrivoit à mes
lèvres qu'avec la force du souffle d'un
agonisant qui dit : adieu ! elle expiroit
en sons inarticulés sur ma bouche bal-
butiante. Elle mouroit comme le cri
d'un homme qui se noie, et qui cherche en vain à confier aux eaux muettes

le dernier appel du désespoir. L'eau insensible étouffe sa voix ; elle le recouvre, sourde et immobile ; elle dévore sa plainte ; elle ne la portera jamais jusqu'au rivage.

Tandis que je me débattois contre la terreur dont j'étois accablé, et que j'essayois d'arracher de mon sein quelque malédiction qui réveillât dans le ciel la vengeance des dieux : Misérable ! s'écria Méroé, sois puni à jamais de ton insolente curiosité !.. Ah ! tu oses violer les enchantemens du sommeil... Tu parles, tu cries et tu vois... Eh bien ! tu ne parleras plus que pour te plaindre, tu ne criera plus que pour implorer en vain la sourde pitié des ab-

sens , tu ne verras plus que des scènes
d'horreur qui glaceront ton âme... Et
en s'exprimant ainsi avec une voix
plus grêle et plus déchirante que celle
d'une biche égorgée qui demande
grâce aux chasseurs , elle détachoit de
son doigt la turquoise chatoyante qui
étinceloit de flammes variées comme
les couleurs de l'arc-en-ciel, ou comme
la vague qui bondit à la marée mon-
tante , et réfléchit en se roulant sur
elle-même les feux du soleil levant.
Elle presse du doigt un ressort inconnu
qui soulève la pierre merveilleuse sur sa
charnière invisible , et découvre dans
un écrin d'or je ne sais quel monstre
sans couleur et sans forme, qui bondit,

heurle, s'élance, et tombe accroupi sur le sein de la magicienne. Te voilà, dit-elle, mon cher Smarra, le bien-aimé, l'unique favori de mes pensées amoureuses, toi que la haine du ciel a choisi dans tous ses trésors pour le désespoir des enfans de l'homme. Va, je te l'ordonne, spectre flatteur, ou décevant ou terrible, va tourmenter la victime que je t'ai livrée ; fais-lui des supplices aussi variés que les épouvantemens de l'enfer qui t'a conçu, aussi cruels, aussi implacables que ma colère. Va te rassasier des angoisses de son cœur palpitant, compter les battemens convulsifs de son pouls qui se précipite, qui s'arrête... contempler sa

douloureuse agonie et la suspendre
pour la recommencer... A ce prix, fidèle esclave de l'amour, tu pourras au
départ des songes redescendre sur l'o-
reiller embaumé de ta maîtresse, et
presser dans tes bras caressans la reine
des terreurs nocturnes.... — Elle dit,
et le monstre jaillit de sa main brû-
lante comme le palot arrondi du disco-
bole, il tourne dans l'air avec la rapi-
dité de ces feux artificiels qu'on lance
sur les navires, étend des ailes bizarre-
ment festonnées, monte, descend,
grandit, se rappetisse, et nain difforme
et joyeux dont les mains sont armées
d'ongles d'un métal plus fin que l'acier
qui pénétrent la chair sans la déchirer,

et boivent le sang à la manière de la
pompe insidieuse des sangsues, il s'at-
tache sur mon cœur, se développe ;
soulève sa tête énorme et rit. En vain
mon œil, fixe d'effroi, cherche dans
l'espace qu'il peut embrasser un objet
qui le rassure : les mille démons de la
nuit escortent l'affreux démon de la
turquoise. Des femmes rabougries au
regard ivre ; des serpens rouges et vio-
lets dont la bouche jette du feu ; des
lézards qui élèvent au-dessus d'un lac
de boue et de sang, un visage pareil à
celui de l'homme ; des têtes nouvellement détachées du tronc par la hache
du soldat, mais qui me regardent avec
des yeux vivans, et s'enfuient en sau-

tillant sur des pieds de reptiles...

Depuis cette nuit funeste, ô Lucius, il n'est plus de nuits paisibles pour moi. La couche parfumée des jeunes filles qui n'est ouverte qu'aux songes voluptueux ; la tente infidèle du voyageur qui se déploie tous les soirs sous de nouveaux ombrages ; le sanctuaire même des temples est un asile impuissant contre les démons de la nuit. A peine mes paupières, fatiguées de lutter contre le sommeil si redouté, se ferment d'accablement, tous les monstres sont là, comme à l'instant où je les ai vus s'échapper avec Smarra de la bague magique de Méroé. Ils courent en cercle autour de moi, m'étourdissent de

leurs cris, m'effrayent de leurs plaisirs,
et souillent mes lèvres frémissantes de
leurs caresses de harpies. Méroé les
conduit et plane au-dessus d'eux, en
secouant sa longue chevelure d'où s'é-
chappent des éclairs d'un bleu livide.
Hier encore... elle étoit bien plus
grande que je ne l'ai vue autrefois...
c'étoient les mêmes formes et les
mêmes traits, mais sous leur apparence séduisante, je discernois avec
effroi, comme au travers d'une gaze
subtile et légère, le teint plombé de la
magicienne et ses membres couleur
de souffre : ses yeux fixes et creux
étoient tout noyés de sang, des larmes
de sang sillonnoient ses joues profon-

des, et sa main, déployée dans l'espace, laissoit imprimée sur l'air même la trace d'une main de sang... Viens, me dit-elle en m'effleurant d'un signe du doigt qui m'auroit anéanti s'il m'avoit touché, viens visiter l'empire que je donne à mon époux, car je veux que tu connoisses tous les domaines de la terreur et du désespoir... Et en parlant ainsi, elle voloit devant moi les pieds à peine détachés du sol, et s'approchant ou s'éloignant alternativement de la terre, comme la flamme qui danse au-dessus d'une torche prête à s'éteindre. O que l'aspect du chemin que nous dévorions en courant étoit affreux à tous les sens ! Que la magi-

cienne elle-même paroissoit impatiente
d'en trouver la fin! Imagine-toi le ca-
veau funèbre où elles entassent les débris de toutes les innocentes victimes de
leurs sacrifices, et parmi les plus im-
parfaits de ces restes mutilés, pas un
lambeau qui n'ait conservé une voix,
les gémissemens et des pleurs!... Imagine-toi des murailles mobiles, mobiles et animées, qui se resserrent de
part et d'autre au-devant de tes pas, et
qui embrassent peu à peu tous tes
membres de l'enceinte d'une prison
étroite et glacée... Ton sein op-
pressé qui se soulève, qui tressaille,
qui bondit pour aspirer l'air de la vie à
travers la poussière des ruines, la fu-

mée des flambeaux, l'humidité des ca-
tacombes, le souffle empoisonné des
morts... et tous les démons de la nuit
qui crient, qui sifflent, heurlent ou rugis-
sent à ton oreille épouvantée : *Tu ne
respireras plus !* Et pendant ce temps
un insecte mille fois plus petit que celui qui attaque d'une dent impuissante
le tissu délicat des feuilles de rose ; un
atôme disgracié qui passe mille ans à
imposer un de ses pas sur la sphère uni-
verselle des cieux dont la matière est
mille fois plus dure que le diamant... Il
marchoit, il marchoit ; et la trace obs-
tinée de ses pieds paresseux avoit divisé ce globe impérissable jusqu'à son
axe.

Après avoir parcouru ainsi, tant notre élan étoit rapide, une distance pour laquelle les langages de l'homme n'ont point de terme de comparaison, je vis jaillir de la bouche d'un soupirail, voisin comme la plus éloignée des étoiles, quelques traits d'une blanche clarté. Pleine d'espérance, Méroé s'élança, je la suivis, entraîné par une puissance invincible; et d'ailleurs le chemin du retour, effacé comme le néant, infini comme l'éternité, venoit de se fermer derrière moi d'une manière impénétrable au courage et à la patience de l'homme. Il y avoit déjà entre Larisse et nous tous les débris des mondes innombrables qui ont précédé celui-ci dans les essais

de la création, depuis le commencement des temps, et dont le plus grand
nombre ne le surpassent pas moins en
immensité qu'il n'excède lui-même de
son étendue prodigieuse le nid invisible du moucheron. La porte sépulcrale
qui nous reçut ou plutôt qui nous as-
pira au sortir de ce gouffre, s'ouvroit
sur un champ sans horizon qui n'avoit
jamais rien produit. On y distinguoit
à peine dans un coin reculé du ciel le
contour indécis d'un astre immobile
et obscur, plus immobile que l'air, plus
obscur que la lumière qui règnent dans
ce séjour de désolation. C'étoit le cadavre
du plus ancien des soleils, couché sur le
fond ténébreux du firmament, comme

un bateau submergé sur un lac grossi par
la fonte des neiges. La lueur pâle qui
venoit de frapper mes yeux ne prove-
noit point de lui. On auroit dit qu'elle
n'avoit aucune origine, et qu'elle n'é-
toit qu'une couleur particulière de la
nuit, à moins qu'elle ne résultât de
l'incendie de quelque monde éloigné
dont la cendre brûloit encore. Alors,
le croirois-tu, elles vinrent toutes, les
sorcières de Thessalie, escortées de ces
nains de la terre qui travaillent dans
les mines, qui ont un visage comme
le cuivre et des cheveux bleus comme
l'argent dans la fournaise; de ces sa-
lamandres aux longs bras, à la queue
aplatie en rame, aux couleurs incon-

nues qui descendent vivantes et agiles
du milieu des flammes, comme des
lézards noirs à travers une poussière de
feu ; elles vinrent suivies des Aspioles
qui ont le corps si frêle, si élancé,
surmonté d'une tête difforme, mais
riante, et qui se balancent sur les ossemens de leurs jambes vides et grêles,
semblables à un chaume stérile agité
par le vent ; des Achrônes qui n'ont
point de membres, point de voix,
point de figures, point d'âge, et qui
bondissent en pleurant sur la terre gé-
missante comme des outres gonflées
d'air ; des Psylles qui sucent un venin
cruel, et qui, avides de poisons, dansent en rond en poussant des sifflemens

aigus pour éveiller les serpens, pour les réveiller dans l'asile caché, dans le trou sinueux des serpens. Il y avoit là jusqu'aux Morphoses que vous avez tant aimées, qui sont belles comme Psyché, qui jouent comme les Grâces, qui ont des concerts comme les Muses et dont le regard séducteur, plus pénétrant, plus envenimé que le dard de la vipère, va incendier votre sang et faire bouillir la moelle dans vos os calcinés. Tu les aurois vues, enveloppées dans leurs linceuls de pourpre, promener autour d'elles des nuages plus brillans que l'Orient, plus parfumés que l'encens d'Arabie, plus harmonieux que le premier soupir d'une vierge attendrie par l'amour, et dont la vapeur enivrante fascinoit l'âme pour la tuer. Tantôt leurs yeux roulent une flamme humide qui charme et qui dévore ; tantôt elles penchent la tête avec une grâce qui n'appartient qu'à elles, en sollicitant votre confiance crédule, d'un sourire caressant ; du sourire d'un masque perfide et animé qui cache la joie du crime et la laideur de la mort. Que te dirai-je ? Entraîné par le tourbillon des esprits qui flottoit comme un nuage ; comme la fumée d'un rouge sanglant qui descend d'une ville incendiée ; comme la lave liquide qui répand, croise, entrelace des ruisseaux ardens sur une campagne de cendre... j'arrivai... j'arrivai... Tous les sépulcres étoient ouverts... tous les morts étoient exhumés... toutes les goules (1), pâles, impatientes, affamées, étoient présentes; elles brisoient les ais des cercueils, déchiroient les vêtemens sacrés, les derniers vêtemens du cadavre; se partageoient d'affreux

---

(1) *D'ogoljen*, dépouillé, soit parce qu'elles sont nues comme des spectres, soit par antiphrase, parce qu'elles dépouillent les morts. J'écris *goules*, parce que ce mot, consacré dans les traductions des *Contes Arabes*, ne nous est pas étranger, et qu'il est évidemment formé de la même racine.

débris avec une plus affreuse volupté, et, d'une main irrésistible, car j'étois, hélas ! foible et captif comme un enfant au berceau, elles me forçoient à m'associer... ô terreur !.. à leur exécrable festin !..

En achevant ces paroles, Polémon se souleva sur son lit, et, tremblant, éperdu, les cheveux hérissés, le regard fixe et terrible, il nous appela d'une voix qui n'avoit rien d'une voix humaine. — Mais les airs de la harpe de Myrthé voloient déjà dans les airs ; les démons étoient apaisés, le silence étoit calme comme la pensée de l'innocent

qui s'endort la veille de son juge-
ment. Polémon dormoit paisible au
doux son de la harpe de Myrthé.

L'ÉPODE.

Ergo exercentur poenis, veterumque malorum
Supplicia expendunt ; aliæ panduntur inanes
Suspensæ ad ventos, aliis sub gurgite vasto
Infectum eluitur scelus , aut exuritur igni.

VIRGIL.

C'est sa coutume de dormir après ses repas, et le moment est favorable pour lui briser le crâne avec un marteau, lui ouvrir le ventre avec un pieu, ou lui couper la gorge avec un poignard.

SHAKSPEARE.

L'ÉPODE.

LES vapeurs du plaisir et du vin
avoient étourdi mes esprits, et je
voyois malgré moi les fantômes de
l'imagination de Polémon se poursuivre dans les recoins les moins éclairés
de la salle du festin. Déjà il s'étoit endormi d'un sommeil profond sur le lit
semé de fleurs, à côté de sa coupe renversée, et mes jeunes esclaves, sur-
prises par un abattement plus doux,
avoient laissé tomber leur tête appe-
santie contre la harpe qu'elles tenoient
embrassée. Les cheveux d'or de Myrthé descendoient comme un long voile

sur son visage entre les fils d'or qui
pâlissoient auprès d'eux, et l'haleine
de son doux sommeil, errant sur les
cordes harmonieuses, en tiroit encore
je ne sais quel son voluptueux qui
venoit mourir à mon oreille. Cependant les fantômes n'étoient pas partis;
ils dansoient toujours dans les ombres
des colonnes et dans la fumée des flambeaux. Impatient de ce prestige im-
posteur de l'ivresse, je ramenai sur ma
tête les frais rameaux du lierre préser-
vateur, et je fermai avec force mes
yeux tourmentés par les illusions de
la lumière. J'entendis alors une étrange
rumeur, où je distinguois des voix
tour-à-tour graves et menaçantes, ou

injurieuses et ironiques. Une d'elles me répétoit, avec une fastidieuse monotonie, quelques vers d'une scène d'Eschyle; une autre les dernières leçons que m'avoit adressées mon aïeul mourant; de temps en temps, comme une bouffée de vent qui court en sifflant parmi les branches mortes et les feuilles desséchées dans les intervalles de la tempête, une figure dont je sentois le souffle, éclatoit de rire contre ma joue, et s'éloignoit en riant encore. Des illusions bizarres et horribles succédèrent à cette illusion. Je croyois voir, à travers un nuage de sang, tous les objets sur lesquels mes regards venoient de s'éteindre : ils flottoient de-

vant moi, et me poursuivoient d'attitudes horribles et de gémissemens ac-
cusateurs. Polémon, toujours couché
auprès de sa coupe vide; Myrthé, toujours appuyée sur sa harpe immobile,
poussoient contre moi des impréca-
tions furieuses et me demandoient
compte de je ne sais quel assassinat.
Au moment où je me soulevois pour
leur répondre, et où j'étendois mes
bras sur la couche rafraîchie par d'am-
ples libations de liqueurs et de parfums,
quelque chose de froid saisit les articulations de mes mains frémissantes :
c'étoit un nœud de fer, qui au même
instant tomba sur mes pieds engour-
dis, et je me trouvai debout entre

deux haies de soldats livides, étroitement serrés, dont les lances terminées
par un fer éblouissant, représentoient
une longue suite de candelabres. Alors
je me mis à marcher, en cherchant du
regard, dans le ciel, le vol de la colombe voyageuse, pour confier au
moins à ses soupirs, avant le moment
horrible que je commençois à prévoir,
le secret d'un amour caché qu'elle
pourroit raconter un jour en planant
près de la baie de Corcyre, au-dessus
d'une jolie maison blanche; mais la
colombe pleuroit sur son nid, parce
que l'autour venoit de lui enlever le
plus cher des oiseaux de sa couvée, et
je m'avançois d'un pas pénible et mal

assuré vers le but 'de ce convoi tra-
gique, au milieu d'un murmure d'affreuse joie qui couroit à travers la foule,
et qui appeloit impatiemment mon
passage; le murmure du peuple à la
bouche béante, à la vue altérée de
douleurs dont la sanglante curiosité
boit du plus loin possible toutes les
larmes de la victime que le bourreau
va lui jeter. Le voilà, crioient-ils tous,
le voilà!.... Je l'ai vu sur un champ de
bataille, disoit un vieux soldat, mais il
n'étoit pas alors blême comme un spectre, et il paroissoit brave à la guerre.
—Qu'il est petit, ce Lucius dont on
faisoit un Achille et un Hercule! re-
prenoit un nain que je n'avois pas re-

marqué parmi eux. C'est la terreur, sans doute, qui anéantit sa force et qui fléchit ses genoux. — Est-on bien sûr que tant de férocité ait pu trouver place dans le cœur d'un homme? dit un vieillard aux cheveux blancs dont le doute glaça mon cœur. Il ressembloit à mon père. — Lui! répartit la voix d'une femme dont la physionomie exprimoit tant de douceur.... Lui! répéta-t-elle en s'enveloppant de son voile pour éviter l'horreur de mon aspect.... le meurtrier de Polémon et de la belle Myrthé!.... — Je crois que le monstre me regarde, dit une femme du peuple. Ferme-toi, œil de basilic, âme de vipère, que le ciel te maudisse!

Pendant ce temps-là les tours, les rues,
la ville entière fuyoit derrière moi
comme le port abandonné par un vaisseau aventureux qui va tenter les des-
tins de la mer. Il ne restoit qu'une
place nouvellement bâtie, vaste, régulière, superbe, couverte d'édifices majestueux, inondés d'une foule de ci-
toyens de tous les états, qui renon-
çoient à leurs devoirs pour obéir à
l'attrait d'un plaisir piquant. Les croi-
-sées étoient garnies de curieux avides,
entre lesquels on voyoit des jeunes
gens disputer l'étroite embrasure à
leur mère ou à leur maîtresse. L'obé-
lisque élevé au-dessus des fontaines,
l'échafaudage tremblant du maçon,

les tréteaux nomades du baladin portoient des spectateurs. Des hommes haletans d'impatience et de volupté, pendoient aux corniches des palais, et embrassant de leurs genoux les arêtes de la muraille, ils répétoient avec une joie immodérée : Le voilà! Une petite fille dont les yeux hagards annonçoient la folie, et qui avoit une tunique bleue toute froissée et des cheveux blonds poudrés de paillettes, chantoit l'histoire de mon supplice. Elle disoit les paroles de ma mort et la confession de mes forfaits, et sa complainte cruelle révéloit à mon âme épouvantée des mystères du crime impossibles à concevoir pour le crime même. L'objet de tout ce spectacle, c'étoit moi, un autre homme qui m'accompagnoit, et quelques planches exhaussées sur quelques pieux, au-dessus desquelles le charpentier avoit fixé un siége grossier et un bloc de bois mal équarri qui le dépassoit d'une demi-brasse. Je montai quatorze degrés; je m'assis : je promenai mes yeux sur la foule; je désirai de reconnoître des traits amis, de trouver, dans le regard circonspect d'un adieu honteux, des lueurs d'espérance ou de regret; je ne vis que Myrthé qui se réveilloit contre sa harpe, et qui la touchoit en riant; que Palémon qui relevoit sa coupe vide, et qui, à demi-étourdi par les fumées de son breu-

vage, la remplissoit encore d'une main
égarée. Plus tranquille, je livrai ma
tête au sabre si tranchant et si glacé
de l'officier de la mort. Jamais un frisson plus pénétrant n'a couru entre les
vertèbres de l'homme; il étoit saisissant
comme le dernier baiser que la fièvre
imprime au cou d'un moribond, aigu
comme l'acier raffiné, dévorant comme
le plomb fondu. Je ne fus tiré de cette
angoisse que par une commotion terrible : ma tête étoit tombée..... elle
avoit roulé, rebondi sur le hideux par-
vis de l'échafaud; et, prête à descendre
toute meurtrie entre les mains des
enfans, des jolis enfans de Larisse,
qui se jouent avec des têtes de morts

elle s'étoit rattachée à une planche saillante en la mordant avec ces dents de fer que la rage prête à l'agonie. De là je tournois mes yeux vers l'assemblée, qui se retiroit silencieuse, mais satisfaite. Un homme venoit de mourir devant le peuple. Tout s'écoula en exprimant un sentiment d'admiration pour celui qui ne m'avoit pas manqué, et un sentiment d'horreur contre l'assassin de Polémon et de la belle Myrthé. — Myrthé! Myrthé! m'écriai-je en rugissant, mais sans quitter la planche salutaire. — Lucius! Lucius! répondit-elle en sommeillant à demi, tu ne dormiras donc jamais tranquille quand tu as vidé une coupe de trop!

Que les dieux infernaux te pardonnent,
et ne dérangent plus mon repos. J'aime-
rois mieux coucher au bruit du marteau de mon père, dans l'atelier où il
tourmente le cuivre, que parmi les
terreurs nocturnes de ton palais. Et,
pendant qu'elle me parloit, je mor-
dois, obstiné, le bois humecté de mon
sang fraîchement répandu, et je me fé-
licitois de sentir croître les sombres
ailes de la mort qui se déployoient
lentement au-dessous de mon cou mu-
tilé. Toutes les chauve-souris du crépuscule m'effleuroient caressantes, en
me disant avec tendresse : Prends des
ailes!.... et je commençois à battre
avec effort je ne sais quels lambeaux

qui me soutenoient à peine. Cependant tout-à-coup j'éprouvai une illusion rassurante. Dix fois je frappai les
lambris funèbres de mouvement de
cette membrane presque inanimée que
je traînois autour de moi comme les
pieds flexibles du reptile qui se roule
dans le sable des fontaines ; dix fois je
rebondis en m'essayant peu à peu dans
l'humide brouillard. Qu'il étoit noir et
glacé ! et que les déserts des ténèbres
sont tristes ! Je remontai enfin jusqu'à
la hauteur des bâtimens les plus élevés,
et je planai en rond autour du socle
solitaire, du socle que ma bouche mourante venoit d'effleurer d'un sourire et
d'un baiser d'adieu. Tous les specta-

teurs avoient disparu, tous les bruits
avoient cessé, tous les astres étoient
cachés, toutes les lumières évanouies.
L'air étoit immobile, le ciel glauque,
terne, froid comme une tôle matte. Il
ne restoit rien de ce que j'avois vu,
de ce que j'avois imaginé sur la terre,
et mon âme épouvantée d'être vivante,
fuyoit avec horreur une solitude plus
immense, une obscurité plus profonde
que la solitude et l'obscurité du néant.
Mais cet asile que je cherchois, je ne
le trouvois pas. Je m'élevois comme le
papillon de nuit qui a nouvellement
brisé ses langes mystérieux pour dé-
ployer le luxe inutile de sa parure de
pourpre, d'azur et d'or. S'il aperçoit

de loin la croisée du sage qui veille en
écrivant à la lueur d'une lampe de peu
de valeur, ou celle d'une jeune épouse
dont le mari s'est oublié à la chasse, il
monte, cherche à se fixer, bat le vitrage
en frémissant, s'éloigne, revient, roule,
bourdonne, et tombe en chargeant le
talc transparent de toute la poussière
de ses ailes fragiles. C'est ainsi que je
frappois des mornes ailes que le trépas
m'avoit données, les voûtes d'un ciel
d'airain qui ne me répondoit que par
un sourd retentissement, et je redes-
cendois en planant en rond autour du
socle solitaire, du socle que ma bouche
mourante venoit d'effleurer d'un sourire et d'un baiser d'adieu. Le socle

n'étoit plus vide. Un autre homme venoit d'y appuyer sa tête, sa tête renversée en arrière, et son cou montroit à mes yeux la trace de la blessure, la cicatrice triangulaire du fer de lance qui me ravit Polémon au siége de Corinthe. Ses cheveux ondoyans rouloient leurs boucles dorées autour du bloc sanglant; mais Polémon tranquille et les paupières abattues, paroissoit dormir d'un sommeil heureux. Quelque sourire qui n'étoit pas celui de la terreur voloit sur ses lèvres épanouies, et appeloit de nouveaux chants de Myrthé, ou de nouvelles caresses de Thélaïre. Aux traits du jour pâle qui commençoit à se répandre dans l'enceinte de mon palais, je reconnoissois à des formes encore un peu indécises, toutes les colonnes et tous les vestibules, parmi lesquels j'avois vu se former pendant la nuit les danses funèbres des mauvais Esprits. Je cherchai Myrthé ; mais elle avoit quitté sa harpe, et immobile entre Thélaïre et Théïs, elle arrêtoit un regard morne et cruel sur le guerrier endormi. Tout-à-coup du milieu d'elles s'élança Méroé : l'aspic d'or qu'elle avoit détaché de son bras siffloit en glissant sous les voûtes ; le *rhombus* retentissant rouloit et grondoit dans l'air, Smarra,

convoqué pour le départ des songes
du matin, venoit réclamer la récom-
pense promise par la reine des terreurs nocturnes et palpitoit auprès
d'elle d'un hideux amour, en faisant
bourdonner ses ailes avec tant de ra-
pidité, qu'elles n'obscurcissoient pas
du moindre nuage la transparence de
l'air. Theïs, et Thélaïre, et Myrthé
dansoient échevelées et poussoient
des hurlemens de joie. Près de moi,
d'horribles enfans aux cheveux blancs,
au front ridé, à l'œil éteint, s'amu-
soient à m'enchaîner sur mon lit des
plus fragiles réseaux de l'araignée qui
jette son filet perfide à l'angle de deux
murailles contiguës pour y surprendre

un pauvre papillon égaré. Quelques-
uns recueilloient ces fils d'un blanc
soyeux dont les flocons légers échappent au fuseau miraculeux des fées, et
ils les laissoient tomber de tout le
poids d'une chaîne de plomb sur mes
membres excédés de douleur. Lève-
toi, me disoient-ils avec des rires in-
solens, et ils brisoient mon sein op-
pressé en le frappant d'un chalumeau
de paille, rompu en forme de fléau,
qu'ils avoient dérobé à la gerbe d'une
glaneuse. Cependant j'essayois de dé-
gager des frêles liens qui les capti-
voient mes mains redoutables à l'ennemi, et dont le poids s'est fait sentir
souvent aux Thessaliens dans les jeux

cruels du ceste et du pugilat ; et mes
mains redoutables, mes mains exercées
à soulever un ceste de fer qui donne la
mort, mollissoient sur la poitrine désar-
mée du nain fantastique comme l'épon-
ge battue par la tempête au pied d'un
vieux rocher que la mer attaque sans
l'ébranler depuis le commencement
des siècles. Ainsi s'évanouit sans lais-
ser de traces, avant même d'effleurer
l'obstacle dont le rapproche un souffle
jaloux, ce globe aux mille couleurs,
jouet éblouissant et fugitif des enfans.

La cicatrice de Polémon versoit du
sang, et Méroé, ivre de volupté, élevoit au-dessus du groupe avide de ses

compagnes, le cœur déchiré du soldat
qu'elle venoit d'arracher de sa poitrine. Elle en refusoit, elle en dispu-
toit les lambeaux aux filles de Larisse
altérées de sang. Smarra protégeoit de
son vol rapide et de ses sifflemens menaçans l'effroyable conquête de la
reine des terreurs nocturnes. A peine
il caressoit lui-même de l'extrémité
de sa trompe dont la longue spirale
se dérouloit comme un ressort, le
cœur sanglant de Polémon , pour
tromper un moment l'impatience de
sa soif ; et Méroé, la belle Méroé,
sourioit à sa vigilance et à son
amour.

Les liens qui me retenoient avoient

enfin cédé; et je tombois debout, éveillé au pied du lit de Polémon, tandis que loin de moi fuyoient tous les démons, et toutes les sorcières, et toutes les illusions de la nuit. Mon palais même, et les jeunes esclaves qui en faisoient l'ornement, fortune passa-gère des songes, avoient fait place à la tente d'un guerrier blessé sous les murailles de Corinthe, et au cortége lugubre des officiers de la mort. Les flambeaux du deuil commençoient à pâlir devant les rayons du soleil le-vant; les chants du regret commen-çoient à retentir sous les voûtes souterraines du tombeau. — Et Po-lémon..... ô désespoir! ma main tremblante demandoit en vain une foible ondulation à sa poitrine. — Son cœur ne battoit plus. — Son sein étoit vide.

L'ÉPILOGUE.

Illic umbrarum tenui stridore volantum
Flebilis auditur questus, simulacra coloni
Pallida, defunctasque vident migrare figuras.

CLAUDIAN.

Jamais je ne pourrai ajouter foi à ces vieilles fables, ni à ces jeux de féérie. Les amans, les fous et les poëtes ont des cerveaux brûlans, une imagination qui ne conçoit que des fantômes, et dont les conceptions, roulant dans un brûlant délire, s'égarent toutes au-delà des limites de la raison.

SHAKSPEARE.

L'ÉPILOGUE.

Oh! qui viendra briser leurs poignards, qui pourra étancher le sang de mon frère et le rappeler à la vie! Oh! que suis-je venu chercher ici! Eternelle douleur! Larisse, Thessalie, Tempé, Flots du Pénée que j'abhorre! ô Polémon, cher Polémon!..

« Que dis-tu, au nom de notre bon « ange, que dis-tu de poignards et de « sang? Qui te fait balbutier depuis si « long-temps des paroles qui n'ont « point d'ordre, ou gémir d'une voix « étouffée, comme un voyageur qu'on

« assassine au milieu de son sommeil,
« et qui est réveillé par la mort?.. Lo-
« renzo, mon cher Lorenzo..... »

Lisidis, Lisidis, est-ce toi qui m'as
parlé? en vérité, j'ai cru reconnoître
ta voix, et j'ai pensé que les ombres
s'en alloient. Pourquoi m'as-tu quitté
pendant que je recevois dans mon palais de Larisse les derniers soupirs de
Polémon au milieu des sorcières qui
dansent de joie?.. Vois, vois comme
elles dansent de joie.....

« Hélas, je ne connois ni Polémon,
« ni Larisse, ni la joie formidable des
« sorcières de Thessalie. Je ne connois
« que Lorenzo, mon cher Lorenzo.
« C'étoit hier (as-tu pu l'oublier si

« vite ?) que revenoit pour la première

« fois le jour qui a vu consacrer notre

« mariage ; c'étoit hier le huitième jour

« de notre mariage... regarde, regarde

« le jour, regarde Arona, le lac et le

« ciel de Lombardie... »

Les ombres vont et reviennent, elles me menacent, elles parlent avec colère... elles parlent de Lisidis, d'une jolie petite maison au bord des eaux, et d'un rêve que j'ai fait sur une terre éloignée... elles grandissent, elles me menacent, elles crient...

« De quel nouveau reproche veux-

« tu me tourmenter, cœur ingrat et ja-

« loux ? Ah ! je sais bien que tu te joues

« de ma douleur, et que tu ne cherches

« qu'à excuser quelque infidélité, ou
« à couvrir d'un prétexte bizarre une
« rupture préparée d'avance... Je ne te
« parlerai plus. ».

Où est Théis, où est Myrthé, où
sont les harpes de Thessalie ? Lisidis,
Lisidis, si je ne me suis pas trompé
en entendant ta voix, ta douce voix,
tu dois être là, près de moi... toi seule
peux me délivrer des prestiges et des
vengeances de Méroé... Délivre-moi
de Théis, de Myrthé, de Thélaïre
elle-même...

« C'est toi, cruel, qui porte trop
« loin la vengeance, et qui veux me
« punir d'avoir dansé hier trop long-
« temps avec un autre que toi au bal

« de l'île Belle; mais s'il avoit osé me
« parler d'amour, s'il m'avoit parlé
« d'amour..... »

Par Saint-Charles d'Arona, que
Dieu l'en préserve à jamais... Seroit-il
vrai en effet, ma Lisidis, que nous
sommes revenus de l'île Belle au doux
bruit de ta guitare, jusqu'à notre jolie maison d'Arona. — De Larisse, de
Thessalie, au doux bruit de ta harpe
et des eaux du Pénée ?

« Laisse la Thessalie, Lorenzo, ré-
« veille-toi... vois les rayons du soleil
« levant qui frappent la tête colossale de
« S. Charles. Ecoute le bruit du lac qui
« vient mourir sur la grève au pied de
« notre jolie maison d'Arona. Respire

« les brises du matin qui portent sur
« leurs ailes si fraîches tous les parfums
« des jardins et des îles, tous les mur-
« mures du jour naissant. Le Pénée
« coule bien loin d'ici. »

Tu ne comprendras jamais ce que
j'ai souffert cette nuit sur ses rivages.
Que ce fleuve soit maudit de la nature,
et maudite aussi la maladie funeste
qui a égaré mon âme pendant des heures plus longues que la vie dans des
scènes de fausses délices et de cruelles
terreurs!... elle a imposé sur mes cheveux le poids de dix ans de vieillesse!.

« Je te jure qu'ils n'ont pas blanchi...
« mais une autre fois plus attentive je
« lierai une de mes mains à ta main, je

« glisserai l'autre dans les boucles de
« tes cheveux, je respirerai toute la
« nuit le souffle de tes lèvres, et je me
« défendrai d'un sommeil profond pour
« pouvoir te réveiller toujours avant
« que le mal qui te tourmente soit par-
« venu jusqu'à ton cœur...... Dors-tu ?

RHOMBUS.

———

Ce mot, fort mal expliqué par les lexicographes et les commentateurs, a occasioné tant de singulières méprises, qu'on me pardonnera peut-être d'en épargner de nouvelles aux traducteurs à venir. M. Noël lui-même dont la saine érudition est rarement en défaut, n'y voit qu'*une sorte de roue en usage dans les opérations magiques ;* plus heureux toutefois dans cette rencontre que son estimable homonyme, l'auteur de l'*Histoire des Pêches,* qui,

trompé par une conformité de nom
fondée sur une conformité de figure,
a regardé le *rhombus* comme un poisson, et qui fait honneur au turbot des
merveilles de cet intrument de Sicile
et de Thessalie. Lucien, cependant,
qui parle d'un *rhombos* d'airain, té-
moigne assez qu'il est question d'autre chose que d'un poisson. Perrot
d'Ablancourt a traduit « un miroir
d'airain » parce qu'il y avoit en effet
des miroirs faits en rhombe, et que la
forme se prend quelquefois pour la chose
dans le style figuré. Belin de Ballu a
rectifié cette erreur pour tomber dans
une autre. Théocrite fait dire à une de
ses bergères : « Comme le *rhombos*

« tourne rapidement au gré de mes
« désirs, ordonne, Vénus, que mon
« amant revienne à ma porte avec la
« même vitesse. » Le traducteur latin
de l'inappréciable édition de Libert,
approche beaucoup de la vérité :

Utque voluitur hic œneus orbis, ope Veneris,
   Sic ille voluatur ante nostras fores.

Un *globe d'airain* n'a rien de commun
avec un miroir. Il est fait aussi men-
tion du *rhombus* dans la seconde Elé-
gie du livre second de Properce, et
dans la trentième épigramme du neu-
vième livre de Martial, sauf erreur. Il
est presque décrit, dans la huitième
élégie du livre premier des *Amours* où

Ovide passe en revue les secrets de la
magicienne qui instruit sa fille aux
mystères exécrables de son art; et je
dois le secret d'une découverte, d'ailleurs bien insignifiante à cette réminiscence :

Scit bene (Saga) *quid gramen, quid torto concita*
rhombo

Licia, quid valeat etc.

Concita licia, torto rhombo, indi-
quent assez clairement un instrument
arrondi chassé par des lanières, et
qu'on ne saurait confondre avec le
turbo (1) des enfans de Rome, qui n'a

_____

(1) *Turbo* signifioit ce que nous appelons une tou-
pie, un cône lancé par un fouet et qui roule sur sa

jamais été d'airain, et qui ne ressemble pas plus à un miroir qu'à un poisson; les poëtes n'auroient d'ailleurs pas cherché pour le désigner le terme inusité de *rhombus*, puisque *turbo* figuroit assez honorablement dans la langue poétique. Virgile a dit: *versare turbinem*, et Horace:

Citamque retrò solve turbinem.

Je ne suis toutefois pas éloigné de croire

pointe. En Bourgogne, le *turbo* s'appelle encore un *trebi*:

> Ai ne fau qu'efne chaiterie,
> Vou qu'un sublô, vou qu'un trebi.
>
> (NOEL DE LA MONNOYE.)

que dans ce dernier exemple où Horace parle des enchantemens des sorcières, il fait allusion au *rhombos* de Thessalie et de Sicile, dont le nom latinisé n'a été employé qu'après lui.

On me demandera probablement ce que c'est que le *rhombus*, si on a pris la peine de lire cette note qui n'est pas destinée aux dames et qui, est de fort peu d'intérêt pour tout le monde. Tout s'accorde à prouver que le *rhombus* n'est autre chose que ce jouet d'enfant dont la projection et le bruit ont effectivement quelque chose d'effrayant et de magique, et qui, par une singulière analogie d'impression, a été renouvelé de nos jours sous le nom de DIABLE.

(*Note du traducteur.*)

LE
BEY SPALATIN.

QUOIQUE *Spalatinbeg* soit évidemment un poëme de tradition, on croiroit y trouver quelque chose des souvenirs d'un autre peuple; ce qui ne prouve rien, au reste, sinon que le berceau des peuples est entouré presque partout des mêmes histoires.

Je ne crois pas que *Spalatinbeg* ait été imprimé en aucune langue : c'est une de ces romances nationales qui ne sont conservées que par la mémoire des hommes. Celle-ci est divisée en tercets qui se chantent ordinairement à deux voix alternati-

ves sur un air extrêmement monotone,
mais que les Morlaques n'entendent pas
sans pleurer. Cette coupe particulière,
qui rend si facile l'interposition acciden-
telle de deux strophes, pourroit donner
raison d'un passage où la géographie est
ouvertement violée, ce qui ne décidera
jamais toutefois deux chantres morlaques
à se céder réciproquement une strophe
pour rétablir l'ordre naturel du poëme.
Ils se donnent beaucoup plus de liberté
sur ses ornemens. Il est inutile de dire ici,
par exemple, que tous les noms de loca-
lités anciennes ont été remplacés plusieurs fois peut-être par ceux que le temps
ou les révolutions leur ont imposés, et
qu'on s'est conformé en ce point à la leçon la plus récente ; mais il ne se passe

rien d'important dans le pays qui ne four-
nisse des strophes épisodiques aux deux
poëtes rivaux. Il est vrai que ces paren-
thèses poétiques varient trop fréquem-
ment pour ne pas se distinguer sans effort
d'un texte à peu près invariable.

LE BEY SPALATIN.

LES vingt-quatre petits-fils du Bey Spalatin, rassemblés au pied des hautes murailles de la forteresse de *Zetim* la regardoient d'un œil morne et dans une immobilité profonde.

Là s'étoit renfermé le cruel Pervan, chef de mille Heiduques farouches, qui venoient de descendre avec lui des cimes de *Zuonigrad*, poursuivis par la vengeance et la malédiction des peuples.

Après avoir ravagé la riante campagne des *Castelli*, et enlevé les belles filles des bords du *Zermagna*, célèbre par la fraîcheur de ses rivages, le brigand surprit le vieux château dans l'obscurité d'une nuit orageuse.

Les cris des assaillans et des victimes se perdirent dans le bruit de la tempête, comme la rumeur d'un torrent éloigné qui tombe en grondant au fond des abîmes.

Seulement, au lever du soleil, deux cents têtes sanglantes, roulées dans les fossés du palais, apprirent à la tribu du Bey Spalatin, que l'étranger étoit venu.

Le fils du vieux Bey, le brave Iskar,

étoit mort avec ses soldats ; l'expression terrible encore de ses traits an-
nonçoit qu'il n'avoit pas été égorgé
dans son sommeil, et que sa vie coû-
toit cher à l'ennemi.

La belle Iska, sa fille, unique sœur
de vingt-quatre guerriers, étoit tombée
au pouvoir du tyran, et l'air apportoit
de loin à ses frères désolés les gémissemens de la colombe captive sous la serre
du vautour.

C'est pourquoi, les yeux fixés sur la
hauteur inaccessible, ils méditoient la
vengeance et n'osoient l'espérer : quel-
ques-uns déchiroient leur sein d'une
main furieuse en accusant le ciel.

D'autres accablés par un sombre désespoir, s'étendoient immobiles sur la terre et la broyoient entre leurs dents. Foibles et innocens enfans, les plus jeunes pleuroient.

Tout-à-coup, voici le vieux Bey, le cœur pénétré d'une amère douleur pour la mort de son fils, et à cause du sort de sa petite-fille qu'il aimoit au-dessus de tous les biens de la vie.

L'ancien de la tribu divise la foule muette de ses enfans. Il s'avance, couronné de ses cheveux de neige qui flottent sur sa tête vénérable comme la vapeur pâle qu'on voit suspendue aux lunes d'hiver.

Sa barbe descend en flocons argentés sur ses flancs robustes qu'embrasse une large courroie. Le *hanzar* (1) est caché dans les vastes plis de sa ceinture de laine bigarrée. La *guzla* (2) pend à son écharpe.

Il monte d'un pas ferme encore le sentier périlleux du rocher qu'il a vu pendant quatre-vingts ans sous les lois

---

(1) Les Francs disent ordinairement *cangiar*. Dans notre vieux françois qui a peut-être retenu quelques traditions des croisés, ce mot signifie une *serpe*. C'est un grand coutelas ordinairement enfermé dans une gaîne de laiton, garnie de pierres fausses.

(2) Instrument de la forme de la guitare ancienne, c'est-à-dire en hémi-ovoïde avec un manche. Il n'a qu'une corde composée de crins de cheval.

de sa tribu. Il s'arrête devant la palissade impénétrable des jardins de *Zetim*.

Là il détache la *guzla* mélodieuse, instrument majestueux du poëte, et frappant d'une main hardie avec l'archet recourbé la corde où se lient les crins des fières cavales de *Macarsca*, il commence à chanter.

Il chante les victoires du fameux Bey Skender (1) qui affranchit sa patrie de la terreur de l'ennemi; les douceurs du sol natal, les regrets amers de l'exil: et chaque refrain est accompa-

_____

(1) SCANDERBEG.

gné d'un cri douloureux et perçant ;

Car le chant de deuil du Morlaque ressemble à celui du grand aigle
blanc (1) qui plane en rond sur les grè-
ves, et tombe avec un gémissement aigu
à la pointe la plus avancée du promon-
toire de *Lissa*,

Quand il voit la vague immense se
rouler comme un long serpent sur
l'onde épouvantée, se tourner en replis innombrables, s'arrondir, s'étendre, et soulever une tête écumante
et terrible jusqu'au nid de ses petits.

_____

(1) Je crois que c'est le *balbuzard*, *Alba busa*,
Jean le blanc.

Les soldats de Pervan écoutent sans défiance, parce qu'ils ne comprennent point le langage divin du vieillard, et que la corde de la *guzla* n'a point résonné dans les fêtes de leurs pères.

Ils se regardent, ils s'interrogent, ils crient, ils cherchent à limiter ce qu'ils entendent en confondant des clameurs qui ne s'accordent point, et dansent éperdus comme les esprits des tombeaux (1)

---

(1) *Vukodlacks*, spectres de nuit qui fréquentent les cimetières. Le traducteur du *Vampire*, faussement attribué à lord Byron, écrit ce mot très-différemment. J'expliquerai plus loin la cause de ces variantes d'orthographe.

aux fêtes de la Vengeance (1).

Les captives sont aussi appelées par
ses chants ; une d'elles les répète à ses
compagnes qui se prosternent, se relèvent, courent en cercle ; puis s'arrêtent, se prosternent encore, et courent
en sens opposé avec des cris fantastiques mêlés de douleur et de joie. (2)

Elles se rapprochent peu-à-peu, ras-
surées par l'ivresse de leurs gardes, dont
l'âme avertie pour la première fois de
la sublime puissance des chants poétiques, s'étonne d'être sensible.

---

(1) *Osveta*, la grande sainte. La *Vengeance* des
Morlaques est la *Némésis* des anciens.

(2) Description pleine d'exactitude et de naïveté
de cette singulière danse des *Narentines*.

Iska! qu'elle étoit belle! Iska, parée d'une tunique de laine rouge des fabriques de *Krain* (1), toute brodée de fils d'or et fermée d'une double agrafe de vermeille (2), car on ne lui a pas permis de revêtir les tristes ornemens de la douleur;

Sur sa robe tombent, en longs anneaux, ses cheveux noirs comme la plume de l'oiseau du présage qui entretient des malheurs à venir les échos de *Nona*; un collier de verres de toutes couleurs brille sur ses épaules éblouissantes;

---

(1) *Carnia*, la Carniole.

(2) Les Dalmates appellent cette agrafe *maïa*.

Des anneaux d'or et de cuivre, in-
crustés de l'étain le plus pur, ornent
ses doigts déliés; à son pouce est le dé
marqueté de laiton et d'argent, signe
glorieux de sa noblesse.

Iska, qui a reconnu la voix de son
aïeul, s'élance, abandonnant aux vents
les ondes de sa chevelure, et noue ses
bras éclatans de blancheur aux barres
de fer étroitement unies entr'elles qui
ferment les jardins élevés de *Zetim*.

Le vieillard la saisit alors, et fixe ses
membres tremblans au pieu inflexi-
ble et immobile. Il la flatte du langage
et du regard. Il la couve de l'œil comme
une proie. Il chante et il pleure.

« Fille infortunée, s'écrie-t-il, ce
« n'est plus le jour de nos fêtes, celui
« où retentissoit le *pismé* (1) d'allé-
« gresse qui éclata dans la tribu, quand
« ton père pleura de tendresse et de
« joie en apprenant qu'une fille venoit
« de naître... »

« Pleure avec moi sur le guerrier
« qui n'est plus, et sur les douleurs de
« ses enfans, et sur celle de son vieux
« père qui reste orphelin de l'honneur
« de sa race, comme un chêne stérile
« épargné à cause de son antiquité par
« la hache du bûcheron.

---

(1) Chant, poëme, le *poëma*, le *psalmus*.

« Pleure avec moi sur la belle Iska,
« la douce fleur de ma vie, le tendre
« espoir de ma vieillesse imprévoyante ;
« pleure sur la pauvre Iska, qui ne sera
« jamais conduite à l'autel par les aco-
« lytes des mariages (1), car il faut
« mourir ! »

Cependant les soldats étonnés se rassemblent avec inquiétude, et Iska, ins-
truite de son sort, tourne sur eux un
regard plus doux que la manne qui
coule des frênes de *Colovaz.*

---

(1) Le *drugh* et la *drushiza*, ce que nous appelons le *garçon* et la *fille d'honneur* dans la plupart
de nos provinces.

14

Le vieillard laisse tomber la *guzla*, il dégage son *hanzar* redoutable, et Iska qu'il ne retient plus se précipite entre deux barreaux, pour offrir son sein à la mort, en souriant vers lui.

Elles sont si resserrées, les flèches menaçantes qui hérissent les remparts de *Zetim*! le Bey malheureux la tua d'une main sûre, mais il ne put pas l'embrasser.

Puis il descendit lentement des hauteurs de la forteresse, et plus lentement, à mesure que les détours de l'étroit sentier le ramenaient au dessous de l'ennemi furieux, car sa grande âme s'étoit affoiblie dans ce sacrifice, et il souhaitoit de mourir.

Deux traits l'atteignent sans le renverser ; l'un s'est rompu dans sa large poitrine ; l'autre tremble long-temps dans sa jambe nerveuse ; son sang coule sans l'étonner ; c'est ainsi qu'il arrive au milieu de ses enfans.

Le soleil finissoit sa course, et *Zetim* s'élevoit au-devant de lui comme un nuage épais couronné de rayons pâles. La plaine qu'il couvroit de son ombre prolongée, ressembloit à un drap funèbre autour duquel veillent quelques flambeaux.

« Victoire, dit le vieux Bey, Vic-

« toire, enfans des Spalatins! la fille
« de la tribu est délivrée de nos tyrans!
« elle est morte, et voilà le *hanzar*
« qui l'a tuée! » Ensuite les forces lui
manquèrent et il tomba.

Informé de la perte d'Iska, Pervan
rugit sur la montagne comme une
louve qui trouve à son réveil tous ses
petits, sans en excepter un (1),
frappés de l'épieu du chasseur; il pousse
le cri de guerre.

Les portes de *Zetim* roulent sur les
gonds gémissans. Les ponts-levis reten-

_____

(1) La Fontaine a dit :

S'il m'en restoit un seul, j'adoucirois ma plainte.

tissent sous les pas des chevaux. Les armes confuses se heurtent dans la nuit, et le bruit d'effroi s'étend et s'agrandit, comme la voix d'un orage qui s'approche.

Tout à coup la colline commence à s'éclairer des feux de l'embrasement qui dévore en courant les toits les plus éloignés de la tribu. Les bandits, semblables à des esprits menaçans, apparoissent et descendent au milieu des flammes.

Déjà les enfans et les femmes fuyent de toutes parts avec des cris lamentables. Les plus vieilles pressent dans leurs bras l'image des saints protecteurs, et les jeunes filles n'oublient pas le *Za-pis* (1) bienfaisant qui guérit les blessures du soldat.

Le vieux Bey se soulève sur sa natte sanglante, à l'aspect du météore inconnu qui rougit l'horizon de la nuit. Il rappelle ses sens et reconnoît la vengeance de Pervan. Il dit : c'est bon.

« Enfans des Spalatins, s'écrie-t-il,
« les doux ombrages de la rivière des
« *Castelli* ne nous appartiennent plus. Il
« faut nouer fortement la ceinture de vos
« reins, et fixer à vos pieds *l'opanche* (2)

(1) Brevet qui sert d'amulette.
(2) Espèce de brodequin de cuir cru.

« du voyageur avec des courroies qui

« n'ont jamais servi, car la route de

« l'exil est très-longue. »

  « Et vous laisserez derrière vous les

« montagnes de *Novigradi* qui dé-

« chirent le ciel de leurs pointes iné-

« gales, et les tours de *Zemonico* qui

« servent de fanal aux tribus errantes

« du désert »

  « Et vous suivrez long-temps l'en-

« ceinte solitaire de la triste *Asdria*,

« qui vit aussi prospérer autrefois une

« famille célèbre par les succès qu'elle

« avoit remportés à la guerre, et par

« le nombre de ses serviteurs, et dont

« il ne reste qu'une maison. »

« Et de là vos regards s'étendront
« sur une foule d'îles enchantées, fa-
« vorisées des plus doux bienfaits du
« soleil ; car les bosquets de *Zeni* (1)
« sont ondoyans comme la ceinture
« d'une vierge, et les collines blanches
« de *Capri* ressemblent aux jeunes
« agneaux qui bondissent dans la ver-
« dure nouvelle. »

---

(1) Il y a ici un double jeu de mots qui semble
indiquer la connoissance des étymologies grecques.
Peut-être aussi les noms actuels de *Zeni* et de
Capri ne sont-ils que la traduction de leurs noms
esclavons. J'ajouterai que cette espèce d'itinéraire
est d'ailleurs d'une exactitude fort équivoque, et
qui tient probablement à cette substitution arbi-
traire des appellations modernes aux anciennes dont
j'ai parlé en commençant.

« Mais arrêtez-vous aux rives hos-
« pitalières de *Pago*, où vous rece-
« vront les barques toujours libres
« des pêcheurs; car ce peuple indé-
« pendant qui confie ses destinées à
« la mer, n'a jamais subi la loi de
« l'étranger. »

« Partez seulement, ô mes enfans!
« dérobez-vous à l'esclavage, et à l'humi-
« liation de saluer comme des vaincus
« le *kalpach* (1) de l'ennemi ; et si
« vous cherchez la patrie, je vous di-
« rai qu'elle se trouve où est la liberté :

---

(1) Toque ou bonnet slave ou polonois. Nous di-
sons *colbak*.

15

« c'est là l'enseignement que j'ai re-
« çu de mes pères. »

« Quant à moi, je vous l'ordonne,
« n'embarrassez pas du cadavre d'un
« guerrier éteint le douloureux convoi
« de la tribu. Laissez-moi au seuil du
« lit des ancêtres, car j'ai connu beau-
« coup plus d'hommes parmi les morts
« que parmi les vivans. »

Et comme il parloit, la force l'aban-
donna encore une fois, et ses vingt-
quatre enfans, pieux dans leur déso-
béissance, lui formèrent une litière de
douze lances croisées qu'ils couvrirent
de feuillages.

Puis ils descendirent silencieux par

les sentiers les moins praticables à la ca-
valerie de l'ennemi, tandis que la troupe
de Pervan, de village en village, rouloit de nouveaux rideaux de flamme
sur la flamme de l'incendie.

Quand les fugitifs, arrêtés pour prendre quelque repos, tournoient les regards de l'adieu sur l'horizon de la patrie, poursuivis de l'image du toit natal désolé, ils le reconnoissoient encore
à la forme et à l'étendue de ses ruines
brûlantes.

C'étoit en vain cependant que la
route de la fuite, abrégée par la connoissance des lieux et par la témérité,

se rapprochoit de son but. La cavale-
rie des Heiduques dévoroit en détours
rapides l'espace inutilement conquis
par la fatigue.

Deux fois l'aube du matin avoit
éclairci les ombres des montagnes de
l'est, et deux fois le noir escadron avoit
reparu à leur sommet dans un tourbillon où la poussière élevée par les
pieds des coursiers se confondoit avec
la poussière fugitive des brouillards
presque évanouis.

Souvent la course de l'étranger, fa-
vorisée par une vaste plaine ou par
une pente facile, avoit retenti sur les
pas de la tribu. Souvent il ne s'étoit

trouvé entre eux que l'embouchure
d'un sombre sentier,

Ou la ravine, bienfait inattendu des
torrens ; l'épaisseur d'un taillis coupé
de chemins sans issue, le rocher tombé
de la montagne et pendant sur le pré-
cipice. Tel est celui qui menace le détroit de *Pago*.

D'un côté tombe une voie hasar-
deuse et terrible où le pas de l'homme
a peine à se fixer : de l'autre se développe une plaine de sable éblouissant
comme du verre réduit en poudre,
qui va mourir au niveau de la mer.

Du front des coteaux éloignés, la
blancheur des dernières limites de la

plage se distingue à peine de la blancheur des premières vagues, et vous auriez peine à dire si le goëland qui descend en roulant sur lui-même, comme la navette du tisserand, se pose sur un écueil ou sur un flot.

La vie fugitive du vieux Bey s'étoit recueillie au bruit croissant du péril. Il s'étonnoit de la route parcourue et concevoit le péril à venir; car on étoit arrivé au-dessus de la pointe du cap, et la poudre du pied des chevaux de Pervan voloit sur le *kalpach* des frères d'Iska.

« O enfans, leur dit-il, vous avez

« désobéi pour la première fois à l'an-
« cien des tribus du *Kotar*, mais c'é-
« toit dans la vaine espérance de sau-
« ver ses jours. Puissent descendre sur
« vous, avec son pardon, les regards
« du Dieu sauveur !

« Seulement, déposez-moi un ins-
« tant, là !.. vers la pointe de ce roc
« avancé qui domine la plaine pro-
« fonde et commande à la vaste mer,
« afin que mon expérience vous di-
« rige vers le refuge de l'exilé. » Et
ils firent comme il avoit prescrit.

Ensuite il continue d'une voix douce,
mais pleine d'autorité, et il leur dit en
regardant au loin : « Je vois d'ici que

« la tribu est parvenue en sûreté au
« détroit de *Pago*, et qu'elle s'agite
« impatiente de votre arrivée, comme
« un essaim d'abeilles séparé de son
« roi (1) par les premières gouttes
« d'une pluie d'été.

« Déjà la barque du pêcheur court
« en se balançant sur les ondes qui se
« relèvent autour d'elle, et vous ap-
« pelle de loin sous sa voile triangu-
« laire, favorable au malheur et pro-
« tectrice de la liberté.

« Que deviendroit, ô mes enfans !

_____

(1) Les Dalmates et beaucoup d'autres peuples disent : *le roi des abeilles.*

« la tribu abandonnée de ses chefs, et
« de quel droit iroit-elle partager la
« tente de l'insulaire, si elle ne pou-
« voit lui offrir, en échange de l'hos-
« pitalité, la vigilance de ses pasteurs
« et le courage de ses guerriers?

« Cependant le temps s'écoule, et
« depuis que j'ai parlé, les voici!...
« Les chevaux de Pervan se sont ré-
« pandus dans la plaine : ils couvrent
« l'espace, le seul espace au travers
« duquel vous puissiez emporter le
« vieillard blessé.

« Blessé sans espérance, dit-il, en
« arrachant son appareil ; car vos ef-
« forts n'aboutiroient qu'à livrer aux

« Heiduques une victime ou un es-
« clave de plus. Voilà ce que j'avois
« à vous dire !

« Suivez donc le sentier étroit du
« rocher, où nul homme ne peut des-
« cendre chargé du moindre fardeau.
« Il vous conduira parmi vos femmes
« et vos enfans qui gémissent de votre
« retard, parce qu'ils pressentent l'ar-
« rivée de l'ennemi. Descendez et
« laissez-moi ! »

Frappé du sombre silence des guerriers, il se soulève avec effort, se rapproche de la pointe menaçante du rocher, jette vers le ciel le nom d'Iskar et
d'Iska, et se précipite dans l'abîme.

Dévouement généreux qui fut cause du salut de la tribu et de la prospérité de *Pago* ; car les générations qui sont sorties de *Spalatinbeg* s'étendirent jusqu'à nos jours en grandeur et en vaillance.

Et l'histoire du Bey Spalatin, de sa petite-fille morte et de sa tribu délivrée, est la plus belle qui ait jamais été chantée sur la *guzla*.

LA

FEMME D'ASAN.

Xalestna pjezanza plémenite Asan-
Aghinize, littéralement, *la complainte
de la noble épouse d'Asan-Aga*, est un
des poëmes les plus célèbres de la littérature morlaque. Il me paroît supérieur à
tous ceux qui me sont connus par la vérité des mœurs et le pathétique des senti-
mens. Je ne crois pas qu'il en existe d'autre
traduction que celle de Fortis dans le
Viaggio in Dalmazia.

Un homme de lettres distingué (1) qui

---

(1) M. de la Beaumelle, *Minerve Littéraire.*

a bien voulu prendre quelque intérêt à mes travaux sur la littérature slave, a témoigné dans un journal le désir que je joignisse à quelques-unes de mes traductions le texte original du poëte. Il n'a pas observé que la langue slave possède plusieurs articulations que nous ne pouvons exprimer par aucun signe de notre alphabet, et dont quelques-unes sont extrêmement multipliées dans l'usage ; de sorte qu'il seroit impossible de reproduire ce texte autrement que par des approximations imparfaites, pour ne pas dire barbares, à moins qu'on ne se servît de l'écriture propre de l'idiome, qui seroit illisible pour le très-grand nombre des lecteurs. On jugera toutefois de cette langue et de cette écriture par la planche où j'ai représenté le premier quatrain de la *complainte de la noble épouse* : 1° avec nos caractères d'après Fortis qui convient qu'il n'a pas pu se dispenser de s'éloigner un peu de la prononciation, et qui s'en est beaucoup plus éloigné qu'il ne le dit ou qu'il ne le croit ; 2° en lettres *glagolitiques* ou géronimiennes des livres de liturgie ; 3° en cyrilliaque ancien ; 4° en cursive cyrilliaque moderne, comme elle est encore usitée par les Morlaques, et qui se rapproche beaucoup de la cursive usuelle des Russes. On auroit pu joindre à cet inutile *specimen*, le servien majuscule des Caloyers, et la cursive bosniaque, remarquable en ce point qu'elle a un faux air de l'arabe, mais j'ai pensé que ce n'étoit déjà que trop d'hiéroglyphes pour un

livre conçu dans toute autre intention
que celle d'étaler l'érudition la plus facile
qu'il y ait au monde, celle des copistes,
la seule d'ailleurs dont j'aurois pu faire
preuve dans ces matières.

FEMME D'ASAN.

QUELLE blancheur éblouissante éclate au loin sur la verdure immense des plaines et des bocages ?

Est-ce la neige ou le cygne, ce brillant oiseau des fleuves qui l'efface en blancheur ?

Mais les neiges ont disparu, mais le cygne a repris son vol vers les froides régions du Nord.

Ce n'est ni la neige, ni le cygne ;

c'est le pavillon d'Asan, du brave Asan
qui est douloureusement blessé, et qui
pleure de sa colère encore plus que de
sa blessure.

Car voici ce qui est arrivé. Sa mère
et sa sœur l'ont visité dans sa tente, et
son épouse qui les avoit suivies, re-
tenue par la pudeur du devoir (1),
s'est arrêtée au-dehors parce qu'il ne
l'avoit point mandée vers lui. C'est ce
qui cause la peine d'Asan.

Cependant quand la douleur de sa

---

(1) Une femme morlaque ne peut entrer dans la
tente ou la chambre de son mari sans y être ap-
pelée.

blessure s'est calmée, il écrit ainsi à sa triste et fidèle amie : « Fille de Pintor, « vous ne vous présenterez plus dans « ma maison blanche (1); ni dans ma « maison, je vous le dis, ni dans celle « de mes parens (2). » A la lecture de cet arrêt terrible, l'infortunée demeure accablée.

Depuis ce jour de funeste mémoire,

---

(1) Est-ce une épithète sépciale propre à la maison d'Asan? Est-ce, comme je le pense, une de ces figres si communes dans la laugue siave qui exprime son illustration ? Fortis, qu'un plus long usage devoit avoir initié aux finesses de cette littérature originale, traduit cependant : *cortile bianco.*

(2) Formule de répudiation.

un jour..... préoccupée des pensées du bonheur perdu, elle écoutoit : son oreille est frappée du retentissement de la terre sous le pas des chevaux.

Elle s'élance désespérée vers la tour, et cherche à gagner son sommet d'où elle peut embrasser une mort certaine ; car elle pense que c'est Asan qui vient la poursuivre de ses reproches : mais ses petites-filles tremblantes se sont attachées à ses pas. « O ma mère ! s'é- « crient-elles, ô ma mère ! cesse de fuir, « car ce n'est point nôtre père bien- « aimé ; c'est ton frère, le bey Pinto- « rovich. »

Ainsi rassurée, elle descend, et jette

ses bras au cou du prudent vieillard :
« Hélas! dit-elle, vous le savez et vous
« connoissez ma honte et celle de no-
« tre race! Il a répudié l'épouse qui
« lui a donné cinq enfans! »

Le bey se tait, il ne répond point (1);
mais il tire d'une bourse de soie vermeille le titre solennel qui permet à
sa sœur de se couronner de nouveau
des fleurs et des guirlandes de l'épou-
sée, après qu'elle aura foulé, sur le

_____

(1) Bexe muci : ne govori nista.

Fortis traduit : *Il Begh nulla risponde*, pour
éviter le pléonasme ; mais le pléonasme est un des
caractères distinctifs des littératures primitives.

seuil de la maison natale, la trace des pas de sa mère (1).

A peine la malheureuse femme d'Asan a laissé tomber ses yeux sur cet écrit, elle regarde, elle hésite, elle attend, et puis elle se soumet; car l'ascendant de son frère la domine.

Prête à les quitter, elle baise avec ardeur le front de ses deux jeunes fils.

---

(1) *Da gre s'gnime majci u zatraghe.*

Cette condition du divorce chez les peuples que nous appelons BARBARES, a quelque chose de sublime. Elle suppose l'infortune non méritée d'une femme qui a encouru la disgrâce de son mari, sans cesser entièrement d'être digne de sa mère.

Elle presse de ses lèvres les joues fraîches et colorées des petites filles qui
pleurent sans comprendre tout-à-fait
le sujet de leur douleur ; mais elle ne
peut se détacher du berceau où repose
le dernier né de ses enfans. Elle s'y fixe
comme pour l'entraîner avec elle (1).

Son frère la saisit d'une main sévère,
la pousse vers le coursier rapide , et
vole avec elle à la maison de Pintor.

Elle n'y demeura pas long-temps.
La semaine étoit à peine achevée,
qu'une femme si belle et de si noble

_____

(1) Une femme répudiée n'a pas le droit de revoir
les enfans qui sont nés de son premier mariage.

17

race fut recherchée pour épouse par l'illustre juge d'*Imoski* (1). Elle tombe éplorée aux pieds de son frère, elle gémit, elle prie : « Hélas! dit - elle, ne
« me donne plus pour épouse à per=
« sonne, je t'en conjure par ta vie, je
« te le demande à genoux ! mon cœur
« éclatera de douleur s'il faut que je re-
« nonce à embrasser encore mes pau-
« vres enfans » !

Le bey, sourd à sa voix, a résolu de l'unir au noble Kadi. Dévouée, elle prie encore : « Du moins, reprend-

---

(1) *Imoski* est l'*Bmota* des petits géographes grecs.

« elle, écris en ces termes à l'époux
« que tu m'as choisi. Ecoute bien ! »

« Kadi, je te salue. Je t'écris sans
« avoir consulté ma sœur pour obtenir
« de toi en sa faveur deux grâces qui
« lui seront chères : la première, c'est
« de lui apporter, lorsque tu viendras
« avec tes amis, un long voile qui
« puisse la cacher à tous les yeux ;
« la seconde, c'est d'éviter, en la con-
« duisant dans ta maison, de passer
« devant celle d'Asan, afin qu'elle n'ait
« pas la douleur de voir les chers en-
« fans qu'elle doit renoncer à voir
« jamais. »

A peine la lettre est-elle parvenue

au Kadi, celui-ci réunit ses amis pour être témoins de cette fête. Ils viennent, et présentent à la fiancée, au nom de son nouvel époux, le long voile qu'elle a demandé ; elle s'en couvre et les accompagne, heureuse au moins de cacher ses larmes, quand des cris qui partent du devant de la maison d'Asan, l'avertissent que les *Svati* qui conduisent le cortége nuptial se sont trompés de chemin, car ses enfans l'ont apperçue et se sont élancés sur son passage.

« O mère bien aimée, s'écrient-
« ils ; reviens à tes pauvres petits en-
« fans, puisque voilà l'heure du re-

« pas où tu nous appelois tous les
« jours. (1) »

A peine a-t-elle entendu ses enfans,
l'épouse infortunée d'Asan se retourne
vers le vieux Bey : « O mon frère,
« lui dit-elle, permets que tes chevaux
« s'arrêtent pour un moment devant
« cette maison, afin que je puisse
« donner encore quelques gages d'a-
« mour à ces innocens orphelins,
« déplorables fruits de ma première
« union. »

_____

(1) L'original dit : *uxinati*, déjeûner, expression
naïve qui convient aux mœurs de ce peuple et à la
simplicité de son langage poétique, mais que nous
n'osons traduire que par une périphrase.

Les coursiers restent immobiles,
pendant qu'elle va partager à sa famille
chérie quelques bijoux ou quelques vêtemens, derniers témoignages de sa
tendresse : de beaux cothurnes à tresse
d'or pour les jeunes garçons ; pour
les jeunes filles, des tuniques longues
et flottantes, et une petite robe au plus
petit qui dort dans un berceau, mais
elle n'ose l'éveiller d'un baiser. (1)

Tout à coup une voix éclate dans
l'appartement voisin, celle d'Asan qui

---

(1) Cette leçon n'est pas tout-à-fait la même que
celle de Fortis, mais je l'ai recueillie plus commu-
nément de la bouche des Dalmates, et je la trouve
bien préférable.

rappelle ses enfans : « Revenez à moi,
« mes chers orphelins, revenez à moi !
« le cœur de fer de la cruelle que
« vous embrassez ne s'attendrira plus
« pour vous, elle est la femme d'un
« autre. » — Elle prête l'oreille, son
sang se glace, elle tombe, et sa tête,
couverte d'une mortelle pâleur, va
frapper la terre retentissante; au même
instant, son cœur se brise, et son âme
s'envole sur les pas de ses enfans.

LA LUCIOLE,

IDYLLE DE GIORGI.

CE poëme est intitulé dans l'original :
Svjetgnack, nom illyrien de la *Luciole*,
ou ver-luisant ailé, qui y est décrite, se-
lon moi, avec un charme incomparable.

Giorgi est l'Anacréon des Morlaques.
La lecture des classiques et la fréquenta-
tion des villes ont imprimé à son style
quelque chose de la recherche brillante,
de l'enthousiasme hyperbolique des Ita-
liens ses voisins. C'est ce que je n'ai pas
voulu dissimuler dans ma foible imita-
tion. Telle qu'elle est, *la Luciole* de Giorgi
me paroît digne cependant de soutenir la
comparaison avec le *Sphinx* de ma-

dame de Krudener et la *Violette* de
Goëthe.

L'original, que j'ai tiré des savans Mé-
moires d'Appendini sur les antiquités de
Raguse et la littérature illyrienne, est souvent cité comme autorité classique dans
l'utile dictionnaire italien–illyrique du P.
Ardelio della Bella. Voy. *Lucciole o Luc-
ciola*, pag. 80, tom. 2.

Le poëme slave est divisé en quatrains,
la seule traduction italienne que je con-
noisse, en sixains. J'ai marqué par l'asté-
risque la division des strophes.

LA LUCIOLE.

*

DÉJA l'humide nuit déploye le vol
immense de ses ailes silencieuses, et
le chœur mystérieux des astres, com-
plice des tendres larcins de l'amour,
commence une danse magique dans
les plaines du ciel.

*

Moi qui ne pense qu'à ma belle,
je profite de l'obscurité naissante,pour
me glisser à travers les ombres de la

maison qu'elle habite. De son balcon, descend à l'extrémité d'un fil de soie une feuille blanche que le vent balance. Hélas! j'espérois davantage!

*

L'impatience de reconnoître au moins dans ce billet les pensées de celle que j'aime fait palpiter et frémir mon cœur; mais la nuit s'est obscurcie de plus en plus, et dans la profondeur de ses ténèbres, je demande en vain au message secret de ma belle le signe invisible qu'elle lui a confié.

*

Efforts impuissans, plaintes inutiles! La chevelure éclatante de la lune ne flotte pas encore en ondes argentées sur le sommet des montagnes où cette nymphe assied son trône. Les flambeaux du ciel brillent trop éloignés de mes yeux.

*

Je m'emporte en reproches contre la nuit dont quelques momens auparavant j'accusois follement la lenteur ! Je m'indigne du repos des élémens qui me refusent jusqu'à la lumière des tempêtes !...

*

Je voudrois voir s'allumer les orages, et lire aux triples feux de la foudre balancée sur ma tête les caractères adorés qu'a tracés la main de ma belle...

*

Qui le croiroit! parmi quelques touffes éparses d'une herbe stérile que j'étois près de fouler, étincelle tout à coup une mouche (1) brillante qui vole en cercles rapides et multipliés à la pointe des feuilles qu'elle caresse et qu'elle éclaire.

*

Le foyer d'une flamme vive et mobile qui brûle dans son sein, s'étend et rayonne sur ses ailes agitées, il s'épanche en traits ardens de tous les anneaux de son corps flexible, et l'illu-

mine d'une auréole de clartés éblouissantes.

*

Je saisis d'une main avide l'insecte
favorable à mes vœux, l'insecte à qui
l'amour protecteur a confié une lumière facile à cacher, et tour-à-tour
tutélaire et discrète, pour embellir
les veilles des amans.

*

Je le rapproche de la lettre chérie,
en faisant passer sur chaque ligne tous
les points de l'insecte agile où s'égare
en tremblant sa lumière capricieuse.
Aucun de ses jets radieux n'est perdu
pour mes regards; aucune des douces

confidences de la bien-aimée ne sera
perdue pour mon cœur.

*

Grâces soient rendues à ton heureux
secours, ô bienfaisante étoile des prairies, tendre *Luciole* aux ailes de feu,
toi, le plus beau et le plus innocent
de tous les animaux de la terre et
du ciel, rayon impérissable d'amour!

*

Comment exprimerai-je le bonheur
que je te dois! comment peindre ton
charme et ta grâce, jolie *Luciole*, le
plus ravissant des mystères d'une belle
nuit, toi qui rends des espérances à
l'amour inquiet, qui prêtes des con-
solations à l'amour jaloux!

*

Quand le soleil descend dans ses magnifiques palais de l'Occident, il te laisse derrière lui pour l'enchantement des nuits d'été. Il te laisse comme un atôme de sa splendeur immense, et il te confie à la protection de la verdure et à l'amour des fleurs.

*

Auprès de ton éclat celui de l'or pâlit, celui des perles s'éteint ; à peine peut-on lui comparer ce feu vainqueur des ténèbres qui s'allume, pétille et jaillit, dans la nuit profonde, du sein de l'escarboucle orientale.

*

Tu es, dans la délicatesse de ta beauté, astre modeste des buissons, l'image d'une vierge timide qui éclaire malgré elle les secrets de la nuit, du feu de ses regards, en cherchant la trace de l'ami qu'elle aime.

*

Ah! puisses-tu, charmante *Luciole*, recueillir le prix de ce que tu as fait pour moi! puissent les prairies te prodiguer en tout temps, *Luciole* bienfaisante, le nectar embaumé de leurs fleurs, et le ciel, les douceurs inépuisables de sa rosée!

FIN.

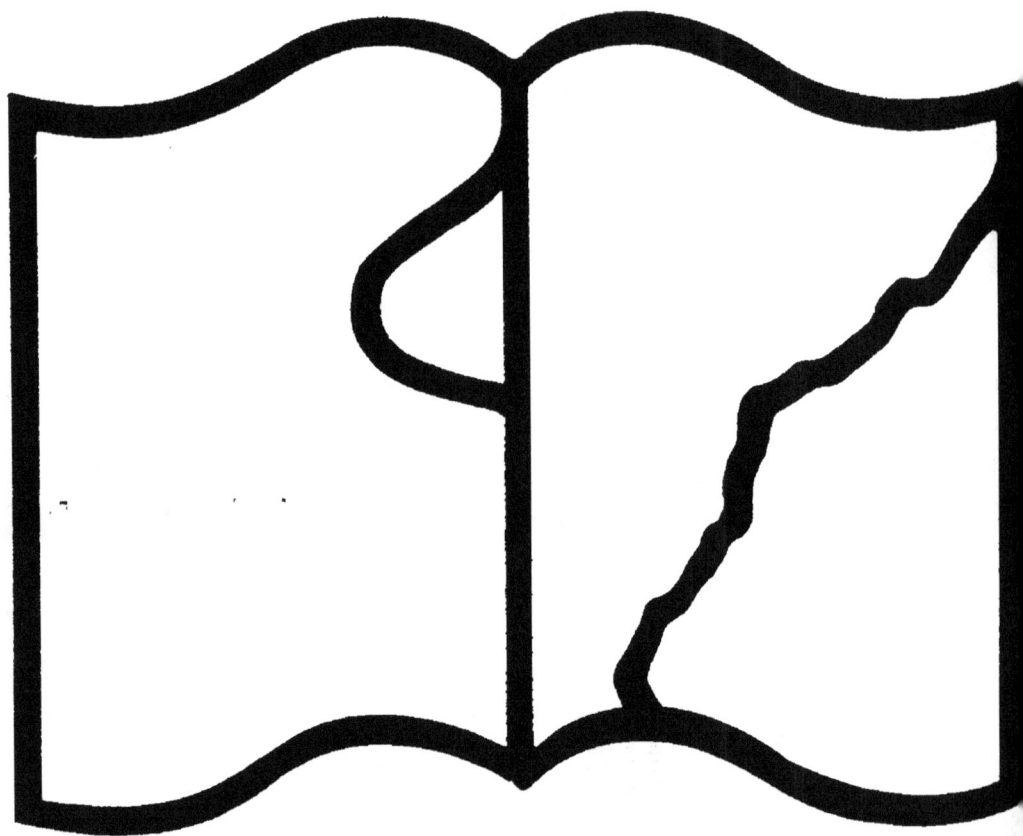

Texte détérioré — reliure défectueuse

www.ingramcontent.com/pod-product-compliance
Lightning Source LLC
Chambersburg PA
CBHW070604100426
42744CB00006B/398